52

Maneras Sencillas de Desarrollar la Autoestima y la Confianza de su Hijo

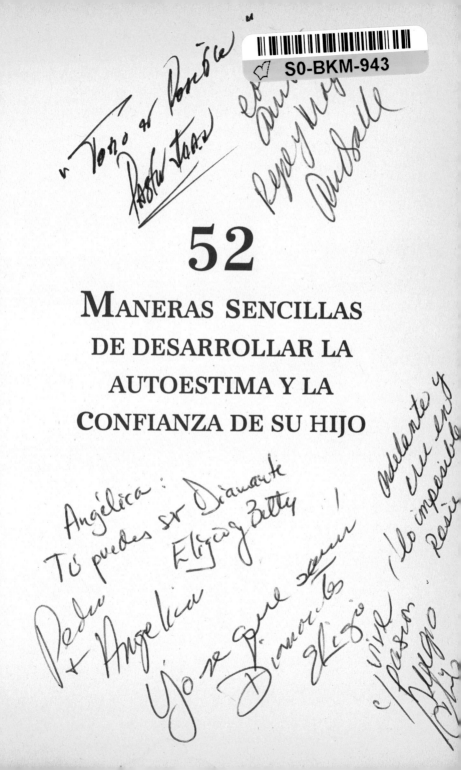

52

maneras sencillas
de desarrollar la autoestima
y la confianza de su hijo

Jan Dargatz

Editorial Betania

© 1994 EDITORIAL CARIBE
P.O. Box 141000
Nashville, TN 37214-1000

Título en inglés: *52 Simple Ways to-build
your Child's Self-Esteem & Confidence*
Publicado por *Oliver-Nelson Books,*
a division of *Thomas Nelson, Inc.*
© 1991 by Jan Dargatz

Traductora: *Erma L. Ducasa*

ISBN 0-88113-228-4

Impreso en EE.UU.
Printed in U.S.A.

E-mail: caribe@editorialcaribe.com

3ª Impresión

Dedicatoria

A
Jeff y Christi
con amor

Contenido

Prefacio

La tarea de ser padres es ardua. Requiere de sabiduría, diligencia diaria y un corazón lleno de paciencia. No existe nada «sencillo» en la crianza de un niño.

Sin embargo, hay ciertas habilidades y algunos métodos sencillos que pueden hacer que este proceso resulte más divertido, la responsabilidad menos engorrosa y los resultados más efectivos. Este libro ofrece cincuenta y dos sugerencias para desarrollar la autoestimación y la confianza de su hijo.

La autoestimación de su niño está íntimamente ligada a la comprensión que tiene de su propio *valor*, el cual estará especialmente influenciado por la forma en que usted perciba y transmita ese valor. Nadie puede inculcar en un niño la autoestimación como sólo pueden hacerlo unos padres amorosos.

Su niño necesita conocer la realidad de su amor y saber que para usted él es inestimable. Para que su hijo pueda llegar a ser un adulto emocionalmente saludable, la formación de su autoestimación debe ocupar un lugar prioritario en la lista de sus responsabilidades paternas.

La confianza de su hijo está íntimamente ligada a la comprensión que él tenga de sus habilidades. Los niños necesitan creer que pueden superar los fracasos, alcanzar metas positivas y desenvolverse con facilidad en medio de situaciones diversas. Al observar, escuchar e imitarlo su niño aprenderá las habilidades y alcanzará la destreza necesaria para vivir. Al adiestrar a su hijo impóngase como una de sus metas principales lograr el desarrollo de su confianza.

Un niño que tiene confianza y una elevada autoestimación se esfuerza por lograr su pleno potencial y se aproxima más para alcanzarlo. Un niño que tiene autoestimación es alguien que cree en su propia capacidad de desarrollo y adaptación. ¡Ese niño tiene esperanza!

Simplemente comportándose como una madre o un padre amorosos usted puede aprender y emplear técnicas sencillas que en el transcurso de su vida cotidiana le ayudarán a desarrollar la autoestimación y la confianza de su hijo. La tarea es realizable y usted es capaz de hacerla. Estímese usted mismo. Tenga confianza en su propia capacidad de ser padre. Ese es el primer paso para llegar a ser un ejemplo de autoestimación y confianza para su hijo.

Crea en usted y en su hijo, de esta forma su muchacho creerá en usted y confiará en lo que le diga.

Y ahora... ¡Explore las *52 maneras sencillas de desarrollar la autoestima y la confianza de su hijo!*

1 Aprenda y aplique el arte del elogio

Los elogios frecuentes y el reconocimiento hacen que un niño progrese. Obsérvelo cuando reciba palabras de aprobación sentidas y sinceras de parte de un adulto a quien él respete ya sea este su padre, abuelo, maestro o pastor y casi podrá ver cómo su interior crece un par de centímetros.

«¡Así se hace!»

«¡Buen trabajo!»

«¡Me siento orgulloso de ti!»

Un niño debe elogiarse por los premios recibidos, las buenas calificaciones obtenidas o los partidos ganados. Una palabra de halago se considera como un «trofeo verbal». La siquis infantil contiene suficiente espacio en sus estanterías para acomodar tales honores. También se elogia una conducta que represente un esfuerzo y una victoria desde su perspectiva «infantil». «¡Te felicito por permanecer sentado y en silencio hoy durante la reunión! ¡Sé que te costó mucho trabajo, pero lo hiciste!»

Al niño se le debe estimular por tener un comportamiento que el padre desea que se repita. «Estoy seguro que sentiste deseos de decirle algo cuando ella te gritó, pero ¡te felicito por haber mantenido la calma!» Tales elogios casi siempre se relacionan con algún logro en particular o con una conducta en específico. ¿Podemos entonces suponer que todos los elogios y las palabras de aprobación edifican la autoestima del niño?

Por el contrario, no todos tienen un efecto positivo. Paso a detallar algunos lineamientos en cuanto al uso de las felicitaciones y los elogios.

Sus palabras de felicitación deben ser sinceras. No diga algo que no sienta de verdad. Los adultos se indignan ante las adulaciones hipócritas y los niños también. Si le dice a su hija cinco veces al día: «Eres muy bonita», es probable que este comentario pierda el valor para ella. Después de algún tiempo su hija puede llegar a pensar que siempre se ve bonita (aunque no sea así) o que tal vez usted sea ciego.

El verdadero elogio se expresa mejor en privado. No lo convierta en un espectáculo público. Déle a conocer sus sentimientos a su hijo en un momento especial y cuando estén los dos a solas.

Elogie a su hijo por aquellas cosas que resulten importantes para ambos.

Para que el elogio sea recibido como tal, el niño deberá percibir que el adulto *comparte* el placer que él siente ante su logro.

La felicitación genuina se expresa de forma sincera por los logros que son dignos de este reconocimiento, no se puede reemplazar por nada en la edificación de la autoestima y confianza de un niño. El elogio es fundamental en el establecimiento del sentido de autoestima infantil y promueve la disposición de probar nuevas actividades y proponerse metas más elevadas.

2 No permita que su hijo se autocritique

En el proceso de edificar la autoestima es aceptable que un niño critique sus propias acciones. En cambio, no lo es la crítica de su «persona».

Observe las reacciones de su hijo/a cuando experimenten el fracaso. Estas acciones le revelarán bastante el nivel de autoestima de su hijo.

«Soy un tonto», dijo Kevin después de haber perdido cinco partidas sucesivas de ta-te-tí. «Tonto, tonto, tonto».

Kevin aprendió esas reacciones negativas de alguien, en algún lugar, en algún tiempo. Sin embargo, lo más triste que se deriva de esto es que Kevin comenzó a igualar su actuación en un área de la vida con su valor como ser humano. No sólo criticaba su actuación, sino a sí mismo. En ese momento debe de intervenir uno de sus padres u otro adulto que se interese por él.

Hace unos meses fui testigo de un hecho increíble. Vi a Rob batear y errarle a cuarenta y ocho lanzamientos consecutivos, disparados desde un lanzador automático de pelotas en el campo de bateo local. Varios amigos y un par de adultos estaban parados a poca distancia y le ofrecían aliento, consejo y vítores cuando se acercaba y mostraban su tristeza cuando erraba. Rob que tenía tan sólo once años, contaba con muchos testigos para sus cuarenta y ocho intentos de bateo fallidos. Seis vueltas a veinticinco centavos cada una y ¡ni un solo golpe acertado! Ni siquiera un batazo malo.

Al parecer no estaba ni remotamente preocupado.

—Mala suerte —le dije cuando salía del alambrado.

—Sí —dijo él al sentarse a mi lado—. Hace dos años que intento pegarle a la pelota. Puedo darle a los lanzamientos de sófbol —agregó en tono confiado—. Y le puedo pegar a casi la mitad de los lanzamientos a baja velocidad. Pero aún no he podido acertarle a ninguno de los más rápidos.

Me resultaba igualmente impactante el hecho de que Rob pudiese tener una actitud tan calmada con respecto a su fracaso. Por cierto, no se consideraba «estúpido» ni «tonto» por haberle errado a esos lanzamientos, aún en presencia de amigos y miembros de la familia.

Tal vez digas: «Pero los niños sí se equivocan. Pueden tener un mal desempeño. ¿No es una equivocación ignorar los errores?»

Sí, es cierto que los niños fallan. A decir verdad, a menudo tienen más fracaso que éxito en el desempeño de una tarea. Sin embargo, que un niño fracase ante ciertas tareas, ¡no significa que sea un fracaso como niño!

¿Cuáles son algunas de las respuestas positivas que puede dar un adulto a un niño cuando este reconoce su fracaso?

—¿Escuchaste cómo me equivoqué al tocar ese acorde? —preguntó Rachel al final de un recital de piano que sin tener en cuenta ese defecto, había estado exento de errores—. Lo arruiné por completo.

—Así es —asentí—. Arruinaste cuatro notas de un total de mil trescientas dos notas. Muy buen porcentaje, diría yo.

Posiblemente Rachel desconozca el significado de la palabra «porcentaje» y yo no tenía la seguridad de que hubiese mil trescientas dos notas musicales dentro de la pieza que ella había ejecutado. El punto en cuestión era que ambas sabíamos que había fallado en una pequeña parte de una tarea, pero esto no tenía una relación directa con el valor de su persona.

—Hoy no podría haberle acertado ni a una casa —dijo Jeff después que lo quitaron del montículo del lanzador en la sexta entrada del juego de béisbol.

—¿Una casa pequeña o grande? —pregunté.

Él sonrió. Ambos sabíamos que había pasado un mal día pero no íbamos a permitir que este contratiempo disminuyera la imagen que tenía de sí.

Claro que se equivocan los niños. Ellos pueden y debe reconocer sus errores, pero debemos de asegurarnos de que limiten su autocrítica al ámbito de las acciones que no esté dirigida a su persona.

Cuando los adultos permiten que los niños se critiquen a sí mismos, ellos piensan: *Estás de acuerdo conmigo. Debe ser que de verdad soy estúpido. Debe ser cierto que soy un tonto.* Permitir que su hijo se estime de manera negativa por causa de un fracaso genera el siguiente pensamiento: *Piensas que mi valor como persona está ligada a mi habilidad de hacer bien las cosas.*

Ambas conclusiones pueden destruir la autoestima si no son corregidas. No se le debe permitir a ningún pequeño que critique *quién* es él y nunca se le debe permitir que ponga los errores o fracasos en un plano de igualdad con el valor de su persona.

3 Por favor y gracias... de ambas partes

Los buenos modales no son sólo un tema para que los padres enseñen a sus hijos. Son acciones que los padres deben *tener* para con ellos.

¿Dice usted «por favor» cuando le solicita algo a su hijo? ¿Le dice «gracias» (no solamente cuando le da obsequios, sino cuando cumple con un pedido formulado)? ¿O es que espera de él un comportamiento que rara vez usted mismo practica?

Si desea que su hijo tenga buenos modales, usted debe mostrar los mismos ante él. Los muchachos cuentan con la habilidad innata de imitar el comportamiento de sus padres, por lo tanto, la manera más sencilla de enseñar cortesía a los niños es ponerlos uno en práctica diariamente.

Las palabras «por favor» y «gracias» no sólo deben utilizarse los domingos o en las actividades formales. Úselas cuando su hijo le alcance la mantequilla durante la cena y también cuando le ayuda a bajar del auto las compras realizadas en el almacén.

Su demostración de los buenos modales le dicen: «Te valoro al igual que a la desconocida en el mercado a la que digo "gracias" cuando me informa dónde puedo encontrar los frijoles».

Su despliegue de buenos modales le expresa a su hijo: «Deseo que puedas desenvolverte adecuadamente en todos los niveles de la sociedad y que respetes y trates con tacto a cualquier tipo de persona».

Tal como una madre le dijo a su hijo: «Deseo que tengas la capacidad de hablarle a cualquiera como si fuese el presidente, ¡porque es posible que algún día lo conozcas!» Esta madre obviamente consideró que su niño *valía* lo suficiente como para poder estar en compañía del presidente, lo cual iba más allá de su posición social inmediata. Esta madre hacía que su hijo vislumbrara su potencial al mismo tiempo que edificaba la autoestima necesaria para alcanzar ese potencial.

- «Por favor»
- «Gracias»
- «Pasé una agradable velada»
- «Discúlpeme»

Esas cuatro frases deben llegar a formar parte de la confianza del niño al enfrentarse a desconocidos y al trabajar con otros. Cuando sea un adulto, los buenos modales suavizarán su orgullo al tratar con sus compañeros de labor y sus subordinados. La cortesía aportará dignidad a su presencia ante cualquier agrupación de personas. Déle a su hijo la sensación de ser digno de *sus* mejores modales.

4 Permita a su hijo ser «niño por un día»

¿Cuándo fue la última vez que usted y su hijo tuvieron un día especial juntos? ¿Solos los dos?

No me refiero a unos cinco minutos juntos antes de dormir, sino a un día entero o por lo menos toda una tarde o noche.

Tampoco se trata de un rato dedicado a la realización de algo rutinario, sino una actividad especial.

Cuatro veces al año o por lo menos una vez cada seis meses, haga una «cita» con su hijo. Programe un día, una tarde o una noche completa para estar juntos. Puede ser un tiempo destinado a crear algo, a algún paseo o a jugar juntos. Permita que él colabore en la planificación de la actividad.

Craig lleva a Jeff a juegos de béisbol en Los Ángeles que se encuentra a unos ciento noventa kilómetros de su casa. Emplean casi toda una mañana en llegar hasta el estadio, deteniéndose por el camino para comer tostadas dulces [waffles] con crema batida y frutas. Al atardecer regresan en medio del tránsito de la hora pico y por el camino comen hamburguesas. Durante el viaje tienen bastante tiempo para conversar o no. Tampoco importa si los Dodgers ganan o pierden. Craig y Jeff están juntos y hacen algo que ambos disfrutan.

Lynn lleva a Amy a una cafetería ubicada en un mirador, en las tardes soleadas invernales, para jugar al Monopolio [un juego de mesa]. La temporada turística ha finalizado ya, por lo tanto raramente hay algún turista por allí. Piden pizza y pasan toda la tarde jugando al monopolio en la mesa de la esquina que tiene una hermosa vista al valle. A Amy le encanta ese juego. También le gusta mucho el helado de chocolate que toman al finalizar el juego (sin que importe quién gane). Lynn deja una generosa propina. Ella dice: «Pago más por el alquiler que por el servicio». Es una tarde dedicada a la conversación, las risas, la diversión y los recuerdos.

Tanto Craig como Lynn, sin saberlo, sabiamente siguen las tres reglas principales de la planificación de una cita con su hijo:

- Escoja una actividad de la que él disfrute
- Elija algo especial que no sea una actividad cotidiana
- Aparte un tiempo para estar solos los dos

Los tiempos especiales como estos que hemos mencionado, le dicen a un niño: «Te quiero. En verdad me gusta tanto estar contigo que estoy dispuesto a emplear un día entero sólo para ti».

Durante varios años Janice tomó un día de vacaciones cada verano para poder ir con su hija al parque o al museo. Janice dice: «Llegaba al punto de sentir *añoranza* de pasar algún tiempo con mi hija. Tenía tantos deseos de estar con Kimberly que sabía que no podría concentrarme en mi trabajo. Lo denominaba nuestro "día de ocio"».

¿Cuál es uno de los recuerdos más preciados de la niñez que Kim conserva? ¡Los días de ocio con mamá!

5 Permita que su hijo le ayude a tomar decisiones

Una de las habilidades más importantes que adquirirá su hijo será la de tomar decisiones firmes. El hacerlo con cuidado e integridad probablemente sea la habilidad más importante que se requiera para crear una vida marcada por logros, éxitos y relaciones satisfactorias. También el que toma decisiones es quien impulsa a nuestra sociedad hacia adelante. Es el que asume el liderazgo.

Decidirse no se basa en la capacidad de «imaginar» opciones. La mayoría de los adultos raramente tienen la posibilidad de determinar todos los aspectos de una circunstancia, suceso o relación, sin que hayan limitaciones o restricciones de alguna naturaleza. Casi todas las elecciones de los adultos se afectan por factores tales como: presupuesto, tiempo, espacio, disponibilidad de recursos y los deseos de otros. No le hacemos bien al niño cuando le pedimos que se enfrente a posibilidades que no estén claramente definidas.

De manera que, ¿cómo ayudamos al niño a desarrollar su capacidad de tomar decisiones?

Preséntele a su hijo un conjunto cerrado de opciones. «¿Cuál regalo deseas comprarle a tu hermano para su cumpleaños, este o aquel?» «¿Deseas comer en McDonald's o en Wendy's?» «¿Dónde deseas ir el sábado, a los bolos o a patinar sobre hielo?»

Estimúlelo para que participe en juegos que le exijan tomar decisiones. Damas, ajedrez, juegos de mesa, deportes en equipo y otros juegos representan oportunidades para que los niños aprendan a tomar decisiones sin recibir la influencia paterna.

Converse acerca de las opciones que escoge su hijo. «Mirando hacia atrás, ¿piensas que esa jugada era la que más te convenía?» «¿Cuál crees que haya sido el momento crucial del juego?» «Si tuvieras que repetirlo, ¿tomarías la misma decisión?»

Respete la elección del niño. Una vez que su hijo haya escogido una opción apropiada, insista en que la mantenga. No vacile. No cambie de parecer a mitad del camino. No retroceda. Permita que su hijo experimente el hecho de que cada elección tiene una consecuencia.

Expanda el número de opciones al evolucionar la capacidad de tomar decisiones de su hijo. Aguarde con anticipación el día en que su hijo tenga la habilidad de escoger entre tres, cuatro y aún más opciones. «Esta tarde puedes ir a ver cualquiera de estas cuatro películas». O «Puedes quedarte leyendo cualquiera de los libros que están en este estante de la biblioteca».

Estimule a sus hijos mayores y a los adolescentes para que reconozcan el proceso de tomar decisiones en el trabajo.

Una de las características más sobresalientes de la autoconfianza es la habilidad de definir las opciones y de tomar una decisión. ¡Uno de los factores que participan en la formación de la autoestima es la habilidad de tomar una decisión con la que uno esté feliz con el paso del tiempo!

6 Enseñe a nadar a su hijo

Una de las habilidades que puede enseñar a su hijo, por ser de las que generan más confianza, es la natación.

Los niños que saben nadar logran superar uno de los temores más paralizantes de la vida: el miedo al agua. A los adultos que no saben nadar a menudo les aterroriza el estar en barcos o aun sobrevolar espacios de agua. Sienten pánico cada vez que ven a un niño o un animal en la piscina o cerca de ella. No saber nadar puede producir una incapacidad emocional o ser una limitación social.

Al aprender a nadar su hijo vencerá no sólo un importante temor sino que dominará una habilidad y disfrutará de una nueva sensación de coordinación física. Mediante este proceso comprenderá que los miedos se pueden enfrentar, que pueden adquirirse nuevas habilidades y que es posible alcanzar más niveles de independencia. Su hijo también conocerá que las técnicas de seguridad acuáticas previenen los accidentes.

¿Cuántos años debiera de tener un niño para iniciar las clases de natación?

Muchos padres comienzan a enseñar a su hijo simples movimientos acuáticos a la temprana edad de seis meses. Si decidiera comenzar a tan precoz edad, asegúrese de contar con la ayuda de un instructor diestro y experimentado en la enseñanza de infantes. La edad promedio para iniciar las clases de natación es entre los tres y cuatro años cuando el niño cuenta con la destreza motora necesaria para coordinar los movimientos básicos de la natación de brazos y piernas. En cuanto pueda «patalear», ¡puede aprender a nadar!

Sin embargo, si es un adolescente y aún no sabe nadar, no suponga que es demasiado tarde. En lugar de caminar, ¡corra hasta la Asociación Cristiana de Jóvenes o club más cercano donde tengan cursos de ese deporte!

¿Cómo escoger un instructor?

Asegúrese de que el instructor haya obtenido su certificado en seguridad acuática de la Cruz Roja. Esto le da la confianza de que el entrenador no sólo ha estudiado cómo enseñar natación sino que ha aprendido con éxito.

¿Qué debe saber hacer un niño?

Asegúrese de que la instrucción incluya clases de seguridad acuática, en especial en lo que se refiere a botes y a técnicas básicas de salvamento y reanimación.

Asegúrese de que su hijo siga con las lecciones de natación hasta que pueda flotar, nadar veinticinco metros sin detenerse y mantenerse a flote durante cinco minutos.

Asegúrese de que el muchacho aprenda cómo darse masajes para superar los calambres en las piernas, cuándo y cómo zambullirse, cómo mantener abiertos los ojos debajo del agua. (Al parecer muchos niños finalizan las lecciones de natación sin adquirir estas destrezas básicas que podrían representar la diferencia entre la vida y la muerte en accidentes en lagos y botes.)

A los pequeños también debe enseñárseles que la natación es divertida, pero que no es un momento para el descuido temerario, por eso deben de ser disciplinados cuando desobedezcan las reglas de seguridad de natación.

Finalmente haga una evaluación de su propia destreza para la natación.

¿No es tiempo de que aprenda a nadar, si es que aún no sabe cómo hacerlo? ¿No es tiempo de tomar un curso para recordar las técnicas de salvamento? ¿Alguna vez ha recibido clases de reanimación cardiopulmonar?

El padre sabio adquiere las destrezas necesarias para ser el salvavidas número uno cuando el niño esté cerca o dentro del agua. Para cumplir con esto nunca permita que nade solo o sin vigilancia. Cuando su hijo esté en el agua, obsérvelo desde un sitio donde usted de pie. Cuando esté cerca de agua, tenga en cuenta que esta es una tentación para un niño que disfruta de la natación. Observe a su hijo como un halcón.

Deidre, una madre de un niño de dos años, entró a la casa para contestar a una llamada telefónica. Estuvo a pocos segundos de perder a su hijo, el cual jugaba con una pelota a unos seis metros de distancia de su piscina. Cuando la pelota cayó rodando al agua, Jeremy la siguió y cayó dentro. Las técnicas de reanimación cardiopulmonar aplicadas de inmediato marcaron la diferencia entre la vida y la muerte.

Saber nadar es una habilidad importante para los niños. Es una destreza que desarrolla la confianza y la autoestima y que puede salvarle la vida.

7 Que su hijo sea el huésped de honor

No hay nada que dé mayor sensación de importancia a una persona que los que ama y aprecia lo eleven a la posición de «huésped de honor».

«Por medio de la presente se le extiende una cordial invitación», decía la elegante tarjeta escrita a mano, «para una cena que se ofrecerá en su honor».

Este mensaje se le entregó a Jaime cuando llegó a la casa después de su práctica de fútbol.

¿El motivo de este honor? Más temprano ese mismo día había llegado en el correo el excelente boletín de calificaciones de Jaime. Era el mejor informe que jamás hubiera recibido; el broche final de un período de estudio intenso y dedicada concentración a las tareas asignadas, lo cual representaba una tremenda hazaña para un niño que preferiría estar pateando una pelota de fútbol en lugar de estudiar historia.

Para destacar este acontecimiento la madre de Jaime sacó de los armarios del comedor la mejor vajilla, la cristalería y la plata de la familia. Puso la mesa con manteles finos y colocó candelabros. Preparó los alimentos preferidos de Jaime: perros calientes [hot dogs], papas fritas, frijoles horneados y torta de chocolate. ¿Perros calientes en una bandeja de plata? Por supuesto. ¿Papas fritas en una fuente de cristal? Claro que sí.

El padre de Jaime hizo un «brindis» al comienzo de la cena. Con los vasos llenos de jugo de manzanas, el hermano, la madre y el padre de Jaime levantaron los vasos en su honor. Su padre pronunció un pequeño discurso y mencionó el excelente informe de las calificaciones de Jaime al dar gracias antes de comenzar la comida.

El mensaje de esa noche fue expuesto con claridad mediante un par de frases expresadas por la madre de Jaime al finalizar la cena: «Los logros especiales merecen un reconocimiento especial, Jaime. Nos enorgullece tu logro especial».

Demás está decir que Jaime fue eximido de ayudar en la limpieza de la mesa o de la vajilla, lo cual probablemente haya sido la parte que más le agradó de toda la celebración.

A veinte años de esa ocasión, Jaime opina que esa noche fue una de las experiencias más gratificantes de su niñez. «Por primera vez comprendí que podía lograr que otras personas lo reconocieran abiertamente como importante. Fue un momento de madurez».

Por supuesto que no es necesario llegar a tanto para hacer que un niño se sienta como algo especial. Betty tiene un plato que es una herencia de familia, en ocasiones especiales ella lo coloca en el sitio establecido donde alguno de sus hijos se sentará a la mesa. La aparición de ese plato significa una recompensa y el menú de la cena incluye uno o más de los platos favoritos del niño objeto del reconocimiento especial. ¿El motivo más reciente? Una visita al dentista que estableció que no tenía caries.

La autoestima de un niño (comprender que es valorado y apreciado) aumenta cada vez que se le reconoce como algo especial y se le tiene en cuenta por ser importante.

8 Pregúntele su opinión

Una gran parte de la autoestima de un niño está ligada a la sensación de que sus sentimientos y pensamientos resultan de valor e importancia para su padre, para la familia y para su comunidad de amigos y compañeros escolares.

«¿Qué piensa usted?»

«¿Qué idea tiene?»

Los adultos damos por sentado estas preguntas en nuestras relaciones, en especial en los centros de trabajo o en las conversaciones diarias con nuestros cónyuges y amigos. Pero, ¡con qué poca frecuencia se hacen en las relaciones entre los adultos y los niños! No es que los pequeños no tengan pensamientos, opiniones o ideas que expresar. Lo que sucede es que los adultos rara vez se las piden. O lo que es peor aún, a menudo paran en seco sus intentos por exponer sus ideas o sentimientos.

¿De veras conoce la opinión de su hijo? ¿Sabe lo que él piensa o imagina? ¿Se lo ha preguntado últimamente?

Desde una edad muy temprana los niños comienzan a formarse opiniones, sobre todo en relación con lo que les gusta y lo que no les agrada. Responden favorablemente a ciertas cosas mientras que rechazan otras. Al experimentar en su mundo algunos hechos sobresalen, mientras que otros no. Tienen sus propios conceptos con respecto a cómo deben ser las cosas. A menudo sus ideas son producto de la fantasía en lugar de serlo de la realidad. Aun así tienen opiniones y desde su perspectiva es algo que vale.

De manera sencilla se refuerza el sentido del valor personal de un niño cuando un adulto, en especial su padre o madre, en medio de una conversación se dirige a él y le dice: «Y tú... ¿qué piensas? ¿Qué sensación te produce esto? ¿Tienes alguna idea al respecto?»

Inclúyalo en la conversación que se produce alrededor de la mesa. Emplee el tiempo que sea necesario para oír sus opiniones y no las critique. Tratándose de criterios son tan válidos como las de cualquier otro. Hágale saber que está bien que exprese su opinión, sea cual fuere.

No se burle de sus ideas. No ridiculice su falta de lógica o la imposibilidad de aplicarlas. El proceso de expresar y explorar sugerencias, después de todo, es el medio por el cual su hijo llegará a formar las suyas y eventualmente producirá ideas mejores. Pregúntele: «¿Qué piensas que sucedería si hiciésemos eso?» O, «¿Crees que esto siempre daría resultado o sólo en este caso particular?» ¡Es posible que se sorprenda al ver los giros creativos que puede tomar tal tipo de conversación!

No descarte totalmente la validez de la opinión de su hijo, aun cuando esté mal fundamentada. Evite declarar en tono determinante: «Eso es una basura». Dígale en cambio: «Lo tendré en cuenta» o, «Lo pensaré». En casi todos los casos un niño no está tan interesado en que se ejecute una idea suya sino que le da placer que la misma se haya expresado.

El resultado más importante de la poner en práctica la conversación entre un adulto y un niño es que tal vez éste mantenga el deseo de exponer sus pensamientos y sentimientos a todo lo largo de su vida. Al que raramente o nunca se le pide una idea u opinión, ¡difícilmente llegará a ser un adolescente dispuesto a hablar de forma abierta con su padre acerca de drogas, sexo, Dios o sus metas para la vida! Aquel cuyas ideas y sentimientos jamás se exploren o aprecien rara vez llegará a ser un adulto que exprese con libertad sus opiniones a sus padres.

Un niño con una elevada autoestima y confianza puede mirarse en el espejo y decir: «Mis ideas tienen mérito. Mis opiniones tienen peso. Vale la pena hablar sobre mis pensamientos». Todas estas declaraciones se traducen dentro de su espíritu de esta manera: «Yo valgo». ¡Y *ese* sentimiento es el corazón mismo de la autoestima!

9 Prepare una galería para exponer sus obras de arte

Una de las formas más sencillas y eficaces de hacer saber a los niños que los valoramos es mediante el aprecio que mostremos por las labores que producen o que son capaces de crear. Un modo simple y efectivo de hacer esto es poner el trabajo realizado en exposición en un lugar visible.

Para algunas personas la mejor área de exhibición es la puerta del refrigerador. Para otros resulta ser un tablero en la cocina o en la sala familiar. O tal vez en un marco en la pared (en el cual puedan colocarse rápida y fácilmente las obras de arte) o un simple pequeño tablero prendido del costado de un armario.

Mostrar la obra de su hijo es una señal clara de que es considerada importante, válida y apreciada. Exploremos brevemente cada uno de estos conceptos.

Demuestre que cree que su labor es importante. Cuando pone en exposición la labor de su hijo le está dando importancia. Su niño observa cómo usted tira la correspondencia que no tiene valor, cómo revisa el diario y se deshace de las instrucciones y propagandas innecesarias. De hecho, ¡su hijo ve que tira muchos más papeles de los que conserva! El mensaje recibido es que hay muchos papeles que a mamá y papá simplemente no les interesan.

Cuando usted guarda la labor de su hijo y la expone, él recibe otro mensaje bien diferente: Su trabajo tiene valor.

Como lo hecho por el niño a menudo es una expresión directa de su yo, el mensaje que se comunica es que él es importante. Si su obra es deseada, él también lo es.

Demuestre que el trabajo de su niño es válido. Gran parte de su labor le parecerá sin sentido. Tal vez no se vea bonita. ¡Es posible que no pueda comprender lo pintado o lo que trata de expresar! Pero al guardar y exponer sus creaciones hará dos cosas. En primer lugar reconocerá su creación como una expresión estética válida. Y al hacerlo lo alentará para que siga expresando sus pensamientos, sentimientos e imaginación de una forma abierta. Está diciéndole: «Conque así es como ves al mundo. ¡Qué bueno! Esa es tu perspectiva. Me gusta ver el mundo como tú lo ves».

En segundo lugar invita a su hijo a seguir mostrando su personalidad, carácter y talentos al emplear también otras formas. Él tal vez piense: *«Anjá, si mamá o papá piensan que esta obra de arte está buena, pues bailaré, escribiré una poesía o pintaré otro cuadro».*

Demuestre que el trabajo de su hijo se aprecia. Las expresiones creativas de su hijo son los regalos que le da; por lo general los da libremente. Sea un buen receptor de estos regalos.

Si le entrega una hoja donde está una tarea o una prueba en la que ha sacado una buena nota, le está diciendo: «Mira lo que hice». Tal hoja no es tanto un regalo sino que es un premio compartido. Exprese su apreciación por el esfuerzo, la destreza y el estudio que él ha invertido en el logro de esa buena calificación.

Si su hijo le entrega una obra de arte, acéptala como un regalo de arte compartido no sólo con usted sino con todo el mundo. Busque alguna cosa en esa obra de arte acerca de la que pueda expresar un comentario honesto. «Me encantan los colores que utilizaste». «Me agrada el modo en que usas esos trazos tan fuertes».

¿Cuánto tiempo debe mantener en exposición los logros y expresiones de su hijo? Eso dependerá en parte de lo productivo que sea.

Podrá simplemente intercambiar un conjunto de papeles escolares por otro. Tal vez quiera poner en exposición varios dibujos de forma simultánea. Decida lo que decida, no permita que su hijo lo vea deshaciéndose de las obras anteriores. Tírelas con discreción.

Una palabra de precaución: nunca ponga en exposición algo que a su hijo le cause vergüenza o disgusto. Aun cuando le parezca que el dibujo es «simpático», a su hijo puede parecerle que no se esforzó lo suficiente. Respete la autoevaluación del niño.

Tener una galería para la exposición de sus obras es una forma de decirle al mundo: «Aquí vive un niño que es muy especial. Y aquí está la prueba de cuán especial resulta ese niño para todos nosotros». ¡Ese es un mensaje que verdaderamente edifica la autoestima!

10 Ayúdele a desarrollar amistades

Los niños no saben cómo hacerse de amigos de forma automática. Son seres egocéntricos con una fuerte tendencia al «¡mío!». ¡Por lo general, descubren que para desarrollar las amistades deben trabajar intensamente!

El hecho de que su hijo tal vez sepa que es un miembro estimado y amado de la familia puede llevarlo a pensar que el resto del mundo también tendrá el mismo sentir. Es posible que entre al «gran mundo» esperando que otros vengan cuando sean llamados, den cuando se les pida y sonrían aun cuando estén de mal humor.

Es posible que su hijo tenga muy poca experiencia para relacionarse con otros muchachos de su misma edad. Probablemente esté acostumbrado a que los niños «mayores» le asignen un rol un tanto subordinado o a ser el «bebé», asumiendo así un estado que lleva consigo cierta cantidad de poder. Enfrentarse a los de su misma edad, en especial a un grupo grande, es una nueva experiencia.

¿Qué puede hacer para ayudar a los niños a que hagan amigos?

Participe del juego entre su hijo y el «nuevo amigo». No es necesario que se quede mucho tiempo y en realidad no debe hacerlo. Pero al iniciarse una nueva relación es una buena idea participar del juego durante un rato. La mayoría de los padres no se dan cuenta de que los niños necesitan recibir algunas enseñazas sobre cómo jugar con las cosas y los unos con los otros.

Enseñe a su hijo algunas frases que se usan con frecuencia para romper el hielo, tales como: «Hola, me llamo _____. ¿Cómo te llamas?» Esa tal vez sea la frase de presentación más común de todos los tiempos, pero da resultado. Sugiérale algunas de las preguntas que más se aplican en estas situaciones. «¿De dónde vienes?» «¿A qué te gusta jugar?»

Déle amplia libertad para invitar a sus amigos a la casa. No es necesario que se convierta en el centro de reunión, pero puede establecer ciertos horarios y días, así como limitar el número de niños que pueden estar juntos en su casa en un momento dado.

Acepte que los niños también pasan por períodos de «altibajos» con sus amigos igual que los adultos experimentan separaciones, distanciamientos y tiempos de acercamiento con sus amigos. No espere que relaciones amistosas avancen con suavidad. Esto no sucederá.

Aliéntelo a tener muchos amigos. El niño que se limite a un solo «amigo especial» probablemente sufrirá una gran tristeza o desilusión si ese amigo se muda o se distancia de él.

No espere que a su hijo le gusten las mismas personas que le agradan a usted. Los padres a menudo identifican al «amigo ideal» para su hijo; el niño rara vez comparte esa opinión. Permita que sea él quien forje sus amistades, no usted.

Desarrollar y mantener las amistades es una importante actitud en la vida. Tener vivencias en común requiere de comunicación, paciencia y disposición.

11 La importancia de sentirse importante

La autoestima se fundamenta en el valor: específicamente en la forma en que los niños se valoran.

Cada niño tiene un sentido que es inherente de su yo. Sin embargo, es en el contexto social donde se ubica de acuerdo con una escala de «valores». Los niños no nacen con elevada o baja autoestima, sino que aprenden su valor en una de dos formas. En primer lugar, alguna persona a quien admira, ama y respeta le dice que es especial y valioso.

En segundo lugar, al hacer una evaluación de sus contribuciones a la familia, a los amigos y a la comunidad, él reconoce su propio valor.

Exploremos estas vías que conducen hacia un mayor desarrollo de la autoestima.

Un niño debe recibir la aprobación y el aliento de parte de un adulto a quien admira, ama y respeta. A continuación enumero algunas declaraciones de aprobación que el pequeño necesita oír de usted:

- «Verdaderamente Dios nos debe amar mucho para darnos un hijo como tú»
- «Eres insustituible»
- «Tu valor es inestimable»

- «No existe sobre esta tierra quién pueda ocupar el lugar que tengo para ti en mi corazón»

Todas estas son afirmaciones que tienen que ver con quién es un niño, no son palabras de elogio por lo que hace.

Existe una gran diferencia entre las palabras de aprobación por el niño y las de elogio por las acciones del niño. Es como marcar una separación entre el pecado y el pecador. Puedes castigarlo o disciplinarlo por lo que hace, pero el castigo debiera de centrarse en sus acciones.

No se me ocurre nada más triste ni destructivo para un niño que su padre le diga en un ataque de furia: «No vales nada. No sirves para nada. Eres una equivocación. Ojalá no formaras parte de mi vida». Y sin embargo, muchos comunican ese mensaje en silencio, al no marcar una separación entre la acción y el niño, cuando ejecutan algún castigo o demuestran su desilusión ante la conducta del muchacho.

Un padre sabio diría: «Joanne, te prohíbo salir durante este fin de semana porque no has hecho lo que te pedí que hicieras. Deseo que aprendas a seguir las instrucciones porque te amo y deseo que tengas una vida de éxito. Algún día tendrás que ser una persona responsable para un empleador. Debes tener la habilidad de seguir las instrucciones y ser puntual. Te quiero lo suficiente como para castigarte ahora pues sé quién eres y quién serás en el futuro».

Al final su hijo definirá su autoestima. A la larga necesitará llegar al punto de decir: «¡Soy una persona digna de admiración, amor y respeto! Me admiro, me amo y me respeto».

Puede ayudarlo a desarrollar su autoestima al:

- Señalarle los momentos en que ha sido honrado y justo. «Me alegra ver que eres honrado, Joey. Nadie debe ser tenido en más alta estima que una persona honrada»
- Reconocer los actos «generosos» de su hijo. «Prestar tus juguetes fue una acción muy amable, Tim»
- Felicitarlo por la manera en que demuestra responsabilidad. «Me complace enormemente, Jon, que casi nunca

necesito recordarte que alimentes a tu gato. Te estás convirtiendo en un muchacho muy responsable»

Un niño que oye comentarios de esta índole a la larga evaluará sus acciones y notará: «Estoy haciendo lo adecuado en esta situación. Si no lo hago, nadie lo hará. La función que cumplo es valiosa».

O el pequeño notará: «Estoy dando de mí y de mis posesiones y eso es bueno. Si no doy es posible que esta persona nunca reciba regalos o compasión de nadie. Tengo un papel importante que cumplir».

O notará: «Demuestro responsabilidad. Si no me hago responsable tal vez nadie lo haga. Me aseguraré de que esta tarea se realice y bien».

El valor en conexión con el yo. De eso se trata la autoestima.

12 Ore con su hijo y por su hijo

Su hijo necesita saber que no sólo es importante para usted, sino que para Dios también lo es. ¡Hágale saber que su valor es para toda la eternidad!

Desde muy temprana edad los niños comprenden el concepto de un Dios que los escuchará en todo momento. Esto es algo que resulta consolador para un niño cuyo padre viaje mucho, trabaje con frecuencia hasta tarde o que tal vez se encuentre ausente debido a un divorcio, una separación o la muerte.

No existe nada que pueda reemplazar el que usted le diga a menudo al pequeño: «Dios te ama y yo también».

Un padre que conozco le dice a su hijo con regularidad: «Dios te creó y Él no hace chatarra».

Una madre conocida nuestra le canta a los hijos su himno preferido por lo menos una vez por semana (no porque lo programe así, sino porque le encanta el himno y le brota con facilidad): «Si Él cuida de las aves, cuidará también de ti». ¡No es de sorprenderse que sus hijos conozcan todos los versos de ese himno y que en ocasiones se les pueda escuchar cantándolo en voz baja!

Tal vez la forma más alentadora de comunicarles que son importantes para Dios es orar con ellos y por ellos con regularidad.

Cuánto bien le hace a un niño ser levantado al regazo de una madre y recibir un abrazo mientras ella ora:

Padre celestial, estoy tan agradecida de que hayas creado a Liz y la hayas enviado para formar parte de nuestra familia. Te agradezco tanto que le hayas dado una gran sonrisa, una dosis de creatividad y gran cantidad de energía y salud. Sé cuánto la amas y que sólo le deseas el bien. Ayúdame a ser una buena madre para Liz. Ayúdala a crecer hasta llegar a ser una mujer que te ame todos los días de su vida.

Es un gran refuerzo para la autoestima de un pequeño que su padre se arrodille al costado de su cama y ore:

Padre celestial, gracias por habernos dado a Kurt. Ayúdame a ser un buen padre para él. Ayúdale a crecer con fortaleza y salud para que siempre esté dispuesto a hacer lo mejor que pueda y dar lo mejor de sí.

Asegúrele que usted cree que Dios oye y responde a las oraciones. Afírmele que las respuestas de Dios siempre están basadas sobre el amor por su hijo.

Un niño que crece en la creencia de ser importante para Dios, sabrá que Él lo valora, lo ama y no le temerá al futuro. Cuenta con un aliado eterno de su lado. Tiene un sentido del valor que trasciende el presente. Confía en que a pesar de lo que deba enfrentar, a su lado tiene a una autoridad superior y un poder mayor que el de su mamá o su papá.

13 La importancia de hacer un buen uso del idioma

Desde temprana edad su niño tendrá una percepción aguda de si «encaja» o no entre sus semejantes, sus compañeros de escuela o de equipo. La habilidad de integrarse es importante. Aporta al niño autodefinición. Esto le ayuda a definir el papel que desempeñará en un grupo y le da un sentido de pertenencia y aceptación.

Hay diversos factores que tanto él como los demás muchachos controlarán subconscientemente para determinar si «encaja» o no en el colectivo. Tal vez el denominador común de estos factores, sobre el cual usted tiene algún control y la habilidad de enseñar, es el lenguaje. Es de importancia fundamental que su hijo tenga la capacidad de hablar el mismo idioma que quienes lo rodean.

Si el hijo habla un idioma que no es el inglés y vive en una nación angloparlante, asegúrese de que lo aprenda también a una temprana edad. Lo mismo ocurre con el angloparlante que viva entre personas que no lo son. No permita que sea un incapacitado lingüístico en la sociedad.

La destreza idiomática incluye también la habilidad de ser fluido y ser comprendido con facilidad en el uso del lenguaje

cotidiano de la cultura y el poder hablar sin impedimentos que
pudiesen provocar que otros lo interpreten mal.

Su niño necesitará terapia de dicción. En algún momento de
su desarrollo la mayoría de los niños requieren de una terapia
correctiva, aun cuando sólo sea llevada a cabo por una mamá
o un papá que digan: «Se dice así...» Si su hijo tiene problemas
que se prolongan más de un par de meses, llévelo para que le
examinen su audición. Si no tiene defectos auditivos, busque
la ayuda profesional si el impedimento del habla no desaparece
al cabo de medio año. La mayoría de las escuelas tienen
programas de terapia del habla a nivel primario. Su pediatra
también es una buena fuente para recomendarle maestros de
dicción. Cuánto antes se aprenda y adquiera la habilidad
necesaria para sobrellevar, remediar o compensar, mejores
serán los resultados.

No suponga que su hijo simplemente superará solo el problema de dicción. Es posible que eso no suceda. Además, puede
suceder que mientras tanto, sufra a nivel social una separación o
cargue con un estigma. Repito: sentirse integrado a un grupo de
semejantes es importante. No permita que una dificultad en la
dicción se interponga si puede ser corregida.

Su hijo necesitará terapia de gramática. Aún no he conocido
un niño que nunca haya cometido un error gramatical. El
cometerlos forma parte del aprendizaje del lenguaje. Los pequeños probarán diversas combinaciones de palabras; si no son
corregidas las incorrectas, tendrá la impresión de que ha
hablado bien y con probabilidad adoptará el patrón equivocado de vocablos. Cuando oiga errores de gramática corríjalos
con delicadeza. Sea consecuente y persistente.

Dominar bien la gramática es una carta de presentación para
su hijo, no sólo en la escuela sino a lo largo de la vida. A muchas
personas se les ha pasado por alto en el momento de una
promoción por causa de su mala gramática (aunque es posible
que ese no sea el motivo declarado). Muchos han sido evalua-
dos como inferiores o de una «clase más baja» a nivel intelectual
por causa de su mala gramática. No permita que crezca con el

impedimento de no dominar bien la gramática. Es posible que eso le impida una buena integración en el futuro.

El lenguaje de su hijo necesitará corrección. Los niños aprenden palabras de los demás y de la televisión que los padres no desean que formen parte de su vocabulario. Ellos experimentan placer al probar el sonido de ciertas palabras. Algunas de ellas serán profanas. Otras serán frases en una jerga popular. Algunas serán expresiones degradantes o racistas. Es responsabilidad del padre decir: «En esta familia no decimos eso». O «No usamos esa palabra». De otro modo él supondrá que el vocablo es aceptable.

Un niño que hace un buen uso del idioma tiene confianza en que puede comunicarse de una manera socialmente aceptable. Tiene la seguridad de poder integrarse.

El lograr un buen uso del idioma no desarrolla de forma automática la autoestima pero los malos hábitos del lenguaje pueden motivar el rechazo y las críticas que la destruyen. No permita que eso le suceda a su hijo.

14 Enseñe a su hijo a leer y seguir instrucciones escritas

Gran parte del sentido de autoconfianza de su hijo proviene de la habilidad de saber qué hacer en situaciones de emergencia, ante problemas a resolver y cuando intentan completar alguna tarea.

¿Cómo le enseña lo que debe hacer? En primer lugar debe admitir que no puede enseñarle todas las respuestas a todas las situaciones o circunstancias posibles. Su responsabilidad consiste en mostrarle cómo conseguir las respuestas y cómo descubrir lo que debe hacerse.

Una de las mejores formas que conozco para ayudar a un niño a sentirse confiado al enfrentarse a lo desconocido es indicarle cómo buscar, usar y guiarse por los manuales de instrucciones.

Durante cierto tiempo una pequeña tarjeta estuvo pegada a la puerta de nuestro refrigerador. Decía: «Si al primer intento no tienes éxito, lee las instrucciones».

Lo que desanima es que la mayoría de nosotros no sigue el manual de instrucciones desde el inicio de un proyecto ni cuando algo sale mal. Andamos a tientas hasta que el objeto está casi armado (excepto por ese tornillo solitario) o casi arreglado (con excepción de esa chispa ocasional).

Lo que anima es que más del noventa por ciento de los problemas complicados, las reparaciones a las que nos enfrentamos todos los días, pueden ser superadas al consultar el folleto de instrucciones o el manual del fabricante.

Pueden conseguirse con facilidad manuales de instrucción y libros explicativos que le digan cómo construir, reparar o mejorar casi todo: desde raspaduras en los muebles hasta carburadores de automóviles.

Las dos preguntas clave que debe considerar su hijo son: «¿Cuál es la información necesaria?» y «¿Dónde se puede conseguir un folleto de instrucciones?»

La forma en que con más efectividad puede aprender a considerar estas preguntas es escuchar que usted se las formula y observarlo mientras consulta los manuales de indicaciones.

Pídale que lo ayude cuando arma o repara cosas, o cuando resuelva un problema. Muéstrele cómo están organizados los manuales de instrucción y cómo relacionar los diagramas y dibujos con los objetos reales. Señale la importancia de efectuar el paso 1 antes del paso 2. Pregúntele: «¿Qué harías a continuación?» O «¿Me pudieras leer el siguiente paso?» Permita que el niño experimente de primera mano el ensamble de la nueva cuna o del tren de juguete. Aliéntelo a consultar las instrucciones antes de colocar las pilas en la nueva grabadora.

Anime a sus hijos para que por su cuenta armen cosas que requieran consultar varias instrucciones. Por ejemplo:

- Para hacer un pastel se necesita una receta (en realidad un conjunto de instrucciones).
- Para confeccionar un vestido se precisa de un patrón (que incluye un conjunto de instrucciones).
- Para armar un avión en miniatura se requiere seguir paso a paso un conjunto de instrucciones.

El niño que crece leyendo las instrucciones y ayudando a armar, reparar o construir cosas cuenta con dos grandes ventajas en su vida. Primeramente, cree que la mayoría de las cosas rotas *pueden* ser reparadas. Es excelente tener esta disposición, en especial porque más adelante puede aplicarse a la salud, al matrimonio o a los conflictos interpersonales. En segundo lugar, cree que existen pasos lógicos y específicos en la realización de la mayoría de los proyectos. Aprenderá a no esperar milagros del tipo de «abracadabra».

Cuando su hijo sabe que es capaz de reparar o mejorar un objeto roto o una situación difícil, su autoconfianza se refuerza. Aprender a leer y seguir las instrucciones le da justamente esa habilidad.

15 Establezca las reglas

Los padres tienen la autoridad de establecer las reglas que los niños deberán respetar. También tienen la responsabilidad de crear las reglas que le beneficiarán.

La autoridad y la responsabilidad van de la mano. Mientras su niño esté bajo su responsabilidad (legal, espiritual, financiera, física y moral), usted tiene la autoridad paterna. Dicho de otra manera, mientras afronte sus gastos tiene la autoridad de asegurarse que cuide de las posesiones y limite sus compras a las cosas que tengan su aprobación. Durante el tiempo que dure su responsabilidad legal, usted tiene la autoridad de exigir que respete la ley y a todos los que la tienen.

Los niños ansían las reglas, aunque es posible que nunca lo reconozcan abiertamente. ¿Por qué? Porque aportan tanto libertad como seguridad.

¿Las reglas proveen libertad? Sí, toda vez que establecen los límites dentro de los cuales la libertad puede reinar. Considere al padre que dice: «Puedes andar en tu bicicleta hasta donde termina la acera. No puedes ir por la calle ni por el césped frente a las casas». O «Puedes jugar en cualquier sector del patio al fondo de la casa». Esas son opciones que un niño puede acatar y dentro de las cuales puede ser creativo, explorar y moverse sin temor.

Las reglas también ayudan a establecer un mundo de conductas conocidas y sus consecuencias. «Si sales del patio, te castigaré».

Las reglas ayudan a demarcar un mundo en el que es seguro probar cosas nuevas. «Puedes hacer lo que quieras con esta masa para modelar, pero sólo puedes hacerlo sobre la mesa».

Las reglas ayudan a determinar los límites de una relación. «No está permitido que uses ese tono de voz al hablarle a tu madre».

También contribuyen a determinar los límites de las expectativas de los padres. «Debes tender tu cama», implica que *no* se espera que tienda todas las camas ni que limpie toda la casa.

Asegúrese de que el pequeño conozca las normas que establecen la forma de operar de la familia. Describa sus expectativas, determine los límites, declare y vuelva a declarar las reglas tantas veces como sea necesario.

Asegúrese de ser constante, persistente y justo en lo que respecta a las normas. Eso significa determinar castigos apropiados y justos cuando se quebranten. También implica castigar al niño cada vez que cometa una infracción voluntaria de las mismas.

Explíquele el motivo de su castigo. Vuelva a recordarle la regla. Incluso, es hasta mejor preguntarle por qué cree que se le castiga.

Un niño que tenga la seguridad de las reglas, las cuales son aplicadas con constancia y persistencia, sabe que mamá y papá tienen el interés suficiente para restringir, obligar y preparar.

16 Enseñe a su hijo reglas elementales de primeros auxilios

La autoconfianza consiste en creer que uno sabe lo que debe hacer ante una situación determinada. No existe una circunstancia en la que sea más necesaria que en una emergencia médica.

Sus hijos o su familia completa pueden inscribirse en un curso de primeros auxilios y reanimación cardiopulmonar. La Cruz Roja o quizá la Asociación Cristiana de Jóvenes de su localidad, ofrecen periódicamente estos cursos. Tal vez los programas de educación para adultos de su comunidad ofrezcan también instrucción en materia de primeros auxilios. Al menos los padres deben tomar un curso de estas características y contar con un manual actualizado de primeros auxilios de manera que puedan pasar a sus hijos la información correcta y las instrucciones básicas.

Enseñe a sus hijos cómo marcar el «911» [este es el número telefónico al que se debe llamar en los casos de emergencia en los Estados Unidos de América]. Ensaye con ellos cómo usarlo con frecuencia. Muéstreles cómo discar y hablar con claridad por teléfono. (Por supuesto que sus hijos deben saber dar su nombre y dirección. ¡Esta es la información que deberá enseñarles en primer lugar!) Practique estos conocimientos periódicamente hasta que pueda estar seguro de que saben qué hacer con exactitud ante una crisis.

Ejercite de forma periódica la maniobra a efectuar en caso de incendio. Muéstrele cómo andar en «cuatro patas» hasta encontrar la vía de escape más cercana. Adviértale que nunca regrese a un edificio en llamas, sin importar lo que pudiera motivarlo para hacer tal cosa.

Enseñe a sus hijos desde edad temprana el significado de este símbolo:

Dígales que no se les ocurra tocar, probar ni usar nada que tenga inscrito ese símbolo.

Anime a su hijo a contarle si hay alguna cosa que esté mal y pudiera ocasionarle daño a alguien, por ejemplo: un enchufe eléctrico descubierto, un arma de fuego o un frasco de medicamentos fuera del botiquín.

«No toques, corre e informa» es una buena secuencia de acciones para enseñar y puede ser aprendida desde la edad de dos años.

Darle a su hijo la habilidad de realizar los primeros auxilios y prevenir accidentes le transmite lo siguiente: «¡Te amo lo suficiente como para desear que sigas con vida! Le doy un gran valor a tu seguridad y salud; más que eso, a tu vida». Eso hace crecer el sentido de valor y autoestima del niño.

La habilidad de administrar los primeros auxilios y de prevenir los accidentes también le da la confianza de que está capacitado para actuar en situaciones de emergencia. Esa confianza no sólo beneficiará a su hijo. ¡También lo será para cualquier persona que sufra una emergencia en su presencia!

17 Responda a las preguntas de su hijo

Anime a su hijo para que le haga preguntas. Al hacer esto le está diciendo: «Quiero que sepas. Quiero que crezcas». Cuando le haga una pregunta, respóndale. Él pensará: *Mamá y papá me estiman lo suficiente como para enseñarme y adiestrarme.* La autoestima está ligada a la percepción del valor asignado.

No tendrá las respuestas para todas las preguntas de su hijo. Admita eso con franqueza. No permita que crezca creyendo que usted lo sabe todo y que puede solucionar todos los problemas sin la ayuda de nadie.

Si no conociera la respuesta adecuada, explore las formas en que pueda encontrarla. Mantenga al alcance de la mano un mapa o un globo terráqueo para poder consultarlo con rapidez. Haga una inversión en algunos libros de referencia escritos para niños.

Recientemente conocí una familia de presupuesto limitado que no disponía de dinero para tales herramientas. Sin embargo, escribían una lista de preguntas. Una vez por semana la madre iba con sus hijos a visitar la biblioteca local donde investigaban juntos las respuestas, a menudo con la colaboración de una bibliotecaria.

Responda a las preguntas de su hijo con la mayor sinceridad posible. «No lo sé» puede ser una respuesta franca ante una pregunta de «por qué, cómo, cuándo, dónde o quién». Sin embargo, algunos padres utilizan el «No lo sé» como un medio de finalizar una conversación. No caiga en esa trampa. Diga simplemente: «Querido, ahora trato de concentrarme en otro asunto. ¿Me pudieras formular esa pregunta en otro momento?» *Responda de la manera más completa posible.* Déle a su hijo tanta información como *necesite*. Siéntase libre para preguntarle: «¿Qué cosa te hizo pensar en esta pregunta?» Intente formar un contexto antes de proveer una respuesta.

No le dé más detalles de los que necesite conocer. Pero por otra parte resulta contraproducente darle una respuesta cómoda o fácil a un problema complejo.

Responda siempre de manera que beneficie a su hijo. «¿Por qué se están divorciando?» puede preguntar el niño de cuatro años. «Porque mamá y papá no pueden descubrir qué hacer para convivir en este momento. Ambos te amamos mucho, pero nos resulta difícil comunicarnos y estamos siempre enojados. Eso nos está enfermando. Es por esto que ahora nos separamos. Los dos deseamos estar contigo y pasar tiempo juntos y te amamos mucho a pesar de lo que pueda suceder entre nosotros». Tal respuesta beneficia al niño.

Los pequeños aprenden al formular preguntas y recibir respuestas. No aprenden sólo hechos y principios, sino que usted está abierto a sus interrogantes y que estima sus preocupaciones. El asignar valor a las preguntas de un niño equivale a darle valor a él.

18 Cumpla con sus promesas

¿Qué sucede cuando un adulto cumple con una promesa hecha a un niño? El pequeño sabe intuitivamente que el adulto ha dicho la verdad.

Un niño no siempre puede comprender que el cumplimiento de una promesa ha significado un sacrificio de tiempo y dinero o un despliegue de esfuerzo y habilidad. Es muy posible que no esté familiarizado con los conceptos de costo, tiempo u obligación.

A la larga la autoestima y confianza del niño sólo tienen el valor de la «verdad» que percibe en el mundo. Él necesita hechos, respuestas concretas, una descripción veraz de los sentimientos del adulto y límites establecidos a su conducta. El pequeño necesita adquirir la capacidad de diferenciar entre lo que es mentira y lo que es verdad, para poder alguna vez establecer una diferencia entre una larga lista de posibilidades o conocer la diferencia entre la realidad y la fantasía. Para identificar lo que es verdadero y real necesita una evidencia válida y concreta.

Una promesa cumplida representa un indicio de verdad para el niño. La promesa cumplida trasmite lo siguiente: «Papá dijo esto y lo cumplió. Lo que él me dice es verdad». O «Mamá me prometió que iríamos y fuimos. Puedo tener confianza en que mamá me dirá otras cosas y también serán verdad».

Una promesa cumplida es también un gran acto de amor e interés. Esto se debe a que lo prometido casi siempre es percibido por el niño como un buen regalo. «Te prometo que iremos al parque el sábado» dice un padre. Ir al parque juntos es un regalo de tiempo y de amor. Es posible que el niño no pueda definirlo de esa manera, pero así lo siente. Por lo general lo que se promete son «cosas buenas». Son regalos.

Una promesa cumplida le comunica al niño: «Estimo nuestra relación. Te amo tanto que me esforzaré lo necesario para hacer lo que te he dicho que haría».

¿Qué sucede con una promesa no cumplida?

El niño la percibe como un ejemplo de una mentira, o como falta de amor.

Se preguntará: «Pero, ¿qué sucede en las ocasiones en que de verdad no puedo cumplir con lo prometido?»

Dígale que lamenta haberlo desilusionado. No trate de inventar una excusa. No le reste importancia a la promesa hecha. Pídale con sinceridad que le perdone por no haber cumplido con lo acordado.

Algunas veces el niño comprenderá y perdonará el incumplimiento de una promesa. Pero no perdonará ni olvidará con tanta facilidad un patrón de promesas quebrantadas.

Lo mejor es limitar las promesas al ámbito de lo concreto: lugares a donde irán, cosas que harán, objetos que comprarán o eventos de los que participarán. Un niño puede comprender rápidamente, aguardar con anticipación y apreciar tales promesas cuando son cumplidas.

No le prometa cambios en su conducta, tales como: «Hijo te prometo que dejaré de beber». O «querida te prometo que nunca volveré a mentirte». Es demasiado grande la probabilidad de que no pueda cumplir. No complique aún más su falta de buena conducta o de autocontrol con algo que su hijo podrá percibir como una mentira y un acto de falta de amor.

La mejor regla con respecto a las promesas es: Si no tiene intención de hacer un esfuerzo del cien por ciento para cumplirla, mejor es no hacerla. Es preferible no prometer que prometer y no cumplir. Regla corolaria: Si ya ha prometido y ve que no le será posible cumplir, admítalo con rapidez. Si existiera la posibilidad, provea una alternativa.

Las promesas cumplidas ubican al niño en un terreno seguro. Crece sabiendo qué y quién merece su confianza. Aumenta la estimación de su propio valor. Las promesas no cumplidas erosionan la autoestima y la autoconfianza del pequeño.

Si ha de cometer un error que sea del lado de prometer menos, pero cumplir, en lugar de prometer más y fallar en el cumplimiento.

19 Enseñe a su hijo cocina elemental

¿Cuál es la única habilidad que le será útil (y hasta necesaria) a su hijo durante toda su vida? No es realizar un gol. Ni tampoco obtener una nota excelente en una prueba de matemáticas. No es combinar los adornos de un vestido. ¡Es la destreza de preparar una comida!

El dominar los rudimentos para cocinar puede aumentar la confianza de un niño y asegurarle que puede moverse con un cierto grado de independencia.

¿Qué es lo que necesita saber el pequeño?

En la época actual las técnicas de cocina pueden ser bastante sencillas. Él debe saber:

- Cómo abrir una lata y calentar su contenido dentro de una cacerola sobre la hornilla.
- Hervir huevos, cocinar los alimentos que vienen en las bolsitas para hervir y preparar vegetales congelados.
- Calentar en el horno microondas un alimento preparado.
- Utilizar las tazas y cucharas de medir y saber interpretar una receta.
- Cómo encender un horno (y darle la temperatura adecuada), cómo encender las hornillas superiores y cómo evitar las quemaduras.
- Cómo hacer funcionar una batidora, una tostadora y una licuadora.

- Cómo seleccionar frutas, vegetales y carnes por su calidad y frescura.
- Cómo lavar la vajilla, preparar la mesa y cepillar y pelar las frutas y verduras.

La mayoría de estas cosas su hijo las aprenderá fácilmente y con gran rapidez si le permite que le observe y trabaje con usted mientras hace las compras y prepara las comidas.

Tenga la disposición de permitirle que forme un lío, que rompa un huevo o dos y que tire un poco de harina al piso de la cocina.

Comience por darle tareas sencillas y auménteselas poco a poco a medida que tenga mayor destreza con los utensilios de cocina. Aliente a su adolescente a tener una o dos «recetas famosas» que sean sólo suyas. Conozco un hombre que le enseñó a su hijo lo que para él eran los tres elementos esenciales de la vida doméstica: Cómo lavar su ropa, cómo planchar una camisa y ¡cómo preparar chile! De vez en cuando proporciónele al joven la satisfacción de preparar una comida completa.

Hasta los más pequeños pueden colaborar poniendo la mesa, quitando los platos y cepillando los vegetales con un cepillo destinado para ese fin.

Vuelvo a repetir, la autoconfianza está ligada a la percepción que tenga el niño de sus habilidades y de su capacidad de responder adecuadamente ante una situación dada. Déle confianza en la cocina. Déle la seguridad de que serán capaz de prepararse una comida.

20 La fuerza de la bendición

Su hijo dará un importante paso hacia adelante en el desarrollo de su autoestima cuando pueda espontánea y generosamente elogiar, «bendecir» o demostrar aprecio por otra persona.

Esa clase de conducta es tal vez más importante que cualquier otro tipo de comportamiento, porque le dice al mundo: «Yo valgo. Elogiar, aplaudir o demostrar aprecio por otro no me hace temer que disminuya mi autoestima».

El hijo que sabe que su valor no puede ser disminuido puede prestar atención a otro o compartir los honores. Y si sabe que no perderá su valor personal tiene la fuerza interior y el poder para «bendecir» a otros.

Usted no puede imponer esa clase de conducta espontánea en su hijo. Pero sí puede observarla y estimularla cuando se manifieste. Además, puede ayudar inculcándole la buena voluntad de responder con elogios y halagos a otros.

Aliente a su hijo para que le relate algunas de las cosas buenas que hacen o dicen otros muchachos. Recientemente escuché por casualidad una conversación entre Dixie y su hijo Blake.

—Fue muy buena tu jugada al convertir ese gol. A tu juicio, ¿cuáles fueron las otras jugadas sobresalientes del partido?

Observe que Dixie abrió su pregunta con un elogio para su hijo. Ejemplificó la conducta que esperaba que él adoptara.

—Bueno —respondió Blake—, Kerry defendió muy bien al bloquear un intento de gol.

—¿Qué te pareció ese pase largo que realizó Tad?

—¡Posibilitó mi jugada! Sam recuperó la pelota, Tad la recibió, me la pasó y ¡pum... a la red!

—La próxima vez que veamos a la madre de Tad vamos a decirle que piensas que su hijo jugó muy bien —continuó Dixie—. No es necesario que sea una expresión grandilocuente. Podrías decir algo así: «Me alegra que Tad esté en mi equipo. Hace muy buenos pases». Eso significará mucho para la madre de Tad.

Observe que Dixie le sugirió a Blake algo específico para decir. No le exigió que produjera el elogio. ¡Otra buena jugada!

Unos días después, cuando Dixie y Blake se encontraron con la madre de Tad, Blake le dijo:

—Me alegra que Tad esté en mi equipo. ¡Hace muy buenos pases!

—Muchas gracias Blake —le respondió ella—. Se lo diré a Tad. Para él tendrá mucho valor por venir de ti, pues eres el principal goleador del equipo.

Blake no cabía en sí. Con toda seguridad no pasará mucho tiempo antes que tenga la confianza suficiente para decírselo directamente a Tad al finalizar el partido (hasta es posible que lo haga frente a todo el equipo). «Buen pase, Tad. De verdad fuiste quien posibilitó ese tanto».

Evite establecer una conexión entre recompensas o comportamiento futuro y elogios. No prometa recompensar a su hijo por elogiar a alguien. En otras palabras, no diga: «Ve y felicita a Jennie por su buen desempeño y después te llevaré a tomar un helado». No relacione los elogios con la manipulación. No diga: «Felicita a papá por la cena que preparó y tal vez te permita que lo acompañes al juego de bolos cuando terminen de comer». Que los elogios se conozcan por lo que son: La acción de alabar y demostrar aprobación de un ser humano hacia otro.

Asigne valor a los elogios, no los desvalorice. Muchas personas no saben cómo recibir con gracia un elogio. No permita que su hijo diga: «No fue nada». Enséñele a decir: «Muchas gracias. Me alegro que le haya gustado». O: «Gracias. Me hace bien escuchar eso».

Finalmente *aliente a su hijo a halagar a otros elogiando usted libremente a otros adultos.* Sea ejemplo de la conducta que desee que copie su hijo. Sea generoso en el aplauso a otros, en prestar atención a sus éxitos y en el aprecio por sus contribuciones.

Si demuestra que estima a su hijo, él aprenderá a estimarse. Enséñele que su autoestima será fortalecida y no disminuida al elogiar y demostrar aprecio por los demás.

21 Brinde a su hijo la experiencia del trabajo en equipo

Anime a su hijo a formar parte de un equipo. En realidad, en el transcurso de su infancia, podrá beneficiarse al integrarse a varios equipos.

Pudiera practicar algún deporte de los que se juegan en equipo. El fútbol, (soccer) en particular, es bueno para niños y niñas. También lo es el sófbol para niños menores. El baloncesto requiere de un nivel de destreza bastante elevado y probablemente sea mejor para niños mayores y adolescentes. (Les sugiero que eviten el fútbol americano mientras su hijo esté en el proceso del crecimiento; el riesgo de heridas en tejido muscular es muy elevado.)

La participación en equipos de tenis, golf, natación, carrera y gimnasia brindan oportunidades para la competencia individual y al mismo tiempo proveen el espíritu e identidad de grupo. O tal vez escoja uno competitivo en un campo no físico, como por ejemplo un equipo de ajedrez.

¿Qué le aportará a su hijo el integrar uno?

Como miembro de un equipo estará con un entrenador que se diferencia de usted. Aprenderá a recibir instrucciones y aliento de un adulto que no es su padre ni su maestro.

Como parte integrante de un equipo estará en una actividad dedicada a lograr un objetivo. La mayoría de las actividades escolares y familiares no cuentan con un objetivo claro a corto plazo. En los eventos competitivos, claro está, la meta es ganar. Por lo general, en los equipos no competitivos el fin es lograr un desempeño exitoso.

Como integrante de un equipo su hijo aprenderá valores de grupo. Asimilará lecciones valiosas sobre cómo formar un espíritu de equipo, cómo forjar y mantener una identidad de grupo, así como perder con elegancia sin quedar irreparablemente «aplastado».

Como miembro de un equipo aprenderá que su actuación puede variar de un día para otro y que el perder un partido raramente significa perder toda una temporada. Comprenderá que la mayoría de las actividades de equipo son un conjunto de papeles, habilidades y esfuerzos individuales. Estas son buenas lecciones que se extienden hasta la edad adulta.

Las competencias de grupo, por lo general, brindan experiencias más amplias y favorables que las individuales. Las victorias y los fracasos son compartidos cuando son el producto del juego en equipo. A largo plazo para un niño, lo más valioso de una competencia con probabilidad se relacione más con las experiencias de derrota que con las de victoria. El saber perder con elegancia es una de las mayores lecciones que jamás pueda aprender.

Más allá de las que brindan la competencia, existen muchas otras actividades de grupo que requieren del esfuerzo en conjunto y están a disposición de su hijo. Las bandas, orquestas y coros son formas de equipo. Requieren del esfuerzo y la coordinación de las actividades individuales para el logro de los objetivos comunes.

Los Boy Scouts, Girl Scouts y otras asociaciones infantiles también aportan muchas de las ventajas del trabajo en conjunto.

¿Cómo escoger la actividad más adecuada para su hijo?

Converse con él acerca del tema y permítale participar de la decisión. Si detesta el sófbol y en cambio le encanta tocar la trompeta, opte por la oportunidad de participar de una banda de verano en lugar de formar parte de la liga menor.

Otro factor importante a considerar es el entrenador. ¿Se trata de alguien a quien le pueda confiar su hijo? ¿Es una persona que demanda perfección o que se enoja con facilidad? Un buen entrenador enseña las reglas principales del juego, defiende la justicia y el trabajo de equipo.

¿Y si su hijo quiere abandonarlo?

Averigüe la razón. En la mayoría de los casos a los niños les agrada formar parte de un equipo. Por lo general, si desean abandonarlo, no es precisamente porque le deje de gustar el juego, sino por las exigencias para una mejor actuación que hacen los padres, el entrenador e incluso ellos mismos.

Los equipos también le brindan una identidad más allá de su familia. Le proveen de un papel a cumplir aparte del de «hijo del medio» o «hijo menor». El niño que es un miembro valioso de un equipo (ya sea como jugador de segunda base, como baterista o como uno de los tenores) se ve como una persona más valiosa en todo sentido. ¡Y de eso se trata la autoestima!

22 Anímelo a formular preguntas

La forma más eficaz para que su hijo reciba información y mejore su rendimiento académico es formular preguntas adecuadas para obtener las respuestas que necesite.

Para hacer preguntas se necesita valor, autoestima positiva y autoconfianza. Dicho de otra manera, cuanto mayores sean los niveles de autoestima y confianza, mayor es la probabilidad de que haga preguntas.

La mayoría de los niños hacen preguntas. «¿Por qué?» parece ser la preferida desde siempre. Desafortunadamente a menudo se utiliza como un desafío a la autoridad, no como una verdadera búsqueda de información. Los padres están enterados de eso. El resultado lamentablemente es que muchos padres se impacientan ante sus «bebés preguntones» y silencian todo el proceso investigativo al imponer su autoridad.

Los padres deben reconocer las diferencias entre la pregunta verdadera y el desafío a la autoridad. Sea generoso al brindar su tiempo, atención e interés a las interrogantes que de verdad se dirigen a solicitar información.

¿Cómo hacer para alentarlo a formular las más adecuadas? ¡*Haga* usted ese tipo de preguntas!

Hágalas al consultar juntos los mapas, aun cuando sólo sea el de las tiendas del centro comercial. «¿Cuál te parece que sea el camino más corto para llegar a ese negocio?» Hágale preguntas cuando anden juntos en bicicleta. «¿Cuántos kilómetros te parece que hemos recorrido?»

Una de mis formas predilectas de formularle las preguntas a los niños mayores y a los adolescentes es pedirles que se hagan la idea de que son un inventor, un constructor o un creador. Por ejemplo: «Observa esa casa nueva, Cory. ¿Qué tipo de preguntas piensas que haya tenido que hacer el constructor antes de poder edificarla?»

Las preguntas de los niños tienden a forzar a los padres a ser específicos, concretos o a admitir que no lo saben todo. Esos momentos resultan dolorosos para muchos padres. «¿Por qué hay tantas estrellas?» es difícil de contestar. Responda lo mejor que pueda, pero admítalo si no lo sabe.

Cuanto más buenas respuestas reciba, más confianza sentirá para seguir indagando. Esa confianza podría algún día salvar la vida de su hijo: «¿Cuál es la forma más rápida de llegar al hospital?» Pudiera en un futuro llevarlo a realizar un gran descubrimiento científico. «¿Qué sucede cuando agregamos este elemento a esa mezcla?»

Enséñele a hacer preguntas. Esa actitud le transmitirá lo siguiente: «Quiero que sepas esto: Te estimo lo suficiente como para desear que seas un adulto inteligente, inquisitivo y explorador. Es importante para mí tu derecho al conocimiento y tus ansias de saber».

23 La estrella

Todo niño tiene la capacidad de ganar en alguna área. ¡El reto de los padres es descubrir esa área!

Acepte la posibilidad de que su hijo no se destaque en las mismas áreas que usted se destaca. Mi padre tiene una extraordinaria habilidad mecánica. Puede desarmar, arreglar y volver a armar prácticamente cualquier cosa. Mi hermano y yo tenemos mucha más habilidad para romper las cosas que para repararlas. Papá no puede comprender por qué no podemos. ¡Nosotros no comprendemos cómo es que él sí puede!

Acepte también que a su hijo puede no gustarle lo mismo que a usted. A Larry le agrada jugar al golf. Su hijo opina que es el juego más estúpido que jamás haya visto. Estas diferencias no son exactamente una rebelión de hijos contra padres a fin de imponer su propia identidad. Esto sucede simplemente porque las personas son diferentes.

Acepte que tal vez su hijo no siga la carrera que usted quisiera. Mejor será que *no* espere que su hijo sea médico, abogado, millonario, presidente de la nación, ni heredero de su empresa.

Lo mejor que pueden hacer los padres es ayudar a sus hijos para que sean exitosos en la carrera que ellos escojan. ¡En lugar de arruinar la vida de todos los restantes miembros de la familia al intentar dictaminar sobre el futuro! Es más probable que no tenga éxito en su actividad un hijo que se siente miserable, enojado o amargado por causa del trabajo, la profesión o la vocación que haya escogido. Permítale que elija sus metas personales y que ande por su propio sendero.

¿Cómo hacer para encontrar la «estrella» que hay dentro de su hijo?

Observe lo que le gusta hacer. ¿Qué cosas le interesan? ¿Cuáles le producen un verdadero entusiasmo? Siempre que sea algo moral y legal, ¡aliente esa actividad!

A Stuart le encantaba observar a los aviones. Era casi imposible desprenderlo del aeropuerto cuando la familia iba a buscar algún pariente que venía de visita. Se compraba láminas de aviones, libros y hasta instrucciones para la construcción de una avioneta ultraliviana. A su madre le producía pánico volar y detestaba la idea de que su hijo estuviese en un avión. Aun así podía observar que éste no era un interés pasajero. Así que le compraba modelos de aviones para armar. Le permitió conseguir un trabajo de medio tiempo y usar lo que ganaba para costear lecciones de vuelo. En la actualidad Stuart es un piloto comercial. Su madre sigue tomando el tren, pero sabe que su hijo trabaja en lo que siempre soñó.

Para poder ayudar a su hijo a convertirse en una «estrella», primeramente deberá descubrir cuál es el escenario donde puede desplegar su mejor y más brillante actuación.

Cuando haya descubierto ese interés, haga el esfuerzo por ayudarlo a desarrollar el máximo potencial de sus habilidades. Si se interesa por el teatro, llévelo a las representaciones teatrales y de ser posible, vayan detrás del escenario para conversar con actores y directores de escena. Bríndele la oportunidad de integrar los programas de teatro infantil. Asista a las obras de teatro escolares en las que participe su hijo. Es posible que algún día pinte escenografías para el teatro comunitario local en lugar de ser estrella de cine, pero aun así será una estrella en su propio escenario.

¿Pero qué pasa cuando se modifica el área de interés del niño?

Eso sucede a menudo. Es más, debe estar preparado para ese evento. Las personas raramente conocen desde la infancia la carrera que desean seguir.

Sean cuales fueren los cambios en las áreas de interés que puedan ocurrir, no cuente como pérdida las experiencias brindadas a su hijo. Cuéntelas como beneficio. Téngalas como oportunidades que le dio para investigar sus talentos, desarrollar ciertas habilidades y para crecer en la autodisciplina por medio de la práctica y de la experiencia personal.

Y finalmente que sus expectativas con respecto a él sean razonables. En cualquier campo de deportes, en cualquier recital, en cualquier prueba, sólo uno es «el mejor». Es posible que su hijo no sea *la* estrella, pero eso no significa que no pueda ser *una* estrella.

Un niño que aprende a superar el temor al escenario, a dominar una nueva habilidad o que aprende un nuevo papel es un niño que crece con confianza. El niño que aprende a sobreponerse al fracaso por medio de la disciplina y la práctica continua y constante llegará a valorar su propia fuerza y carácter.

Déle la oportunidad de subir a un «escenario» escogido, desplegar lo mejor de sí y escucharle decir: «¡Bravo!»

24 Pida a su hijo que ore

Pedir a su hijo que haga una oración antes de las comidas, a la hora de dormir y al enfrentarse a las emergencias es una manera de decirle: «Asigno valor a tu relación con Dios». ¿Existe alguna relación que tenga para ti mayor valor que esa?

Con mucha frecuencia los niños son excluidos de los momentos de oración. Se ora por, sobre y alrededor de ellos. Los alimentos que comen son bendecidos por otros. A menudo el pequeño termina preguntándose: *¿Será que Dios sólo escucha a los adultos?*

Bríndele la oportunidad de comunicarse con Dios de manera franca y verbal estando en su presencia. Pídale que formule la bendición a la hora del desayuno o de la cena. Anímelo para que eleve una oración antes de salir de vacaciones. Enséñele que ore por la familia antes de acostarse a dormir.

Cuando corresponda, invítelo a participar de un tiempo de oración en grupo o a elevar una oración al encontrarse con otras personas.

Recientemente estuve en una reunión de oración en la cual todos los adultos se turnaban para orar por una crisis en particular. Al terminar el tiempo de oración, en lo que a nosotros concernía, todos dijimos «Amén» y comenzamos a conversar acerca de otros asuntos. De repente la única niña presente, de cinco años de edad, gritó: «Esperen un minuto». Todos la miramos. «Esperen un minuto» repitió. «Yo no oré».

Le puedo asegurar que todos inclinamos las cabezas y le dimos la oportunidad. ¡Y qué oración fue esa! No dudamos ni por un sólo instante que Dios había escuchado esa noche a Abigail.

¿Y si mi hijo se niega a orar cuando se lo pido?

No le *exija* que ore en público. Invítelo a orar. Bríndele la oportunidad de hacerlo. Para que se sienta a gusto orando en público debe sentirse igual al hacerlo en privado, ya sea solo, con usted o con otros miembros de la familia que sean de confianza.

¿Cómo aprende a orar un niño?

Al observarlo y escucharlo a usted. Quedé sorprendido la primera vez que escuché a mi sobrino de seis años de edad hacer una oración por su propia iniciativa antes de una comida. Hasta recordó decir: «¡Bendice las manos que han preparado esta comida y que usemos estos alimentos para tu gloria!» ¡Impactante! ¡Todo eso por un simple emparedado de pasta de maní con jalea que él se había preparado!

Enséñele a su hijo una oración personal. Puede comenzar diciéndole «repite después de mí». Tal vez usted quiera escoger un verso conocido o una bendición tradicional para que la diga en oración antes de las comidas.

El pedirle que ore es señal de que le asigna valor a sus oraciones, considera importante su relación con Dios y ve como suficiente su habilidad para orar.

25 Explique sus decisiones siempre que sea posible

Cada vez que sea posible, aclárele a su hijo por qué le pide que haga o deje de hacer una cosa u otra. Esta actitud le dice: «He considerado esto en profundidad. Valoro demasiado tu vida para tratarte de manera descuidada. Te considero digno de una explicación».

Es verdad que hay muchas ocasiones en la vida en que resulta poco práctico dar una razón. Esto se produce especialmente en lo referente a las *órdenes*. Su hijo debe aprender a respetarlas sin discutirlas. «¡Corre!» debe significar que corra. ¡Usted no quiere que su hijo esté parado en el trayecto de un auto fuera de control esperando que usted le dé una explicación para quitarse del medio!

Aclárele a grandes rasgos la razón de sus órdenes. Hágale entender que cuando diga: «¡Corre!» «¡Detente!» «¡Muévete!» usted espera obediencia inmediata porque, por lo general, resulta inminente que podrá sufrir dolor, daño o perjuicio.

Sin embargo, los pedidos difieren de las órdenes. Son las cosas que pides a tu hijo porque prefieres o necesitas que se hagan. «Hoy me agradaría que le pasaras el rastrillo al césped» es una solicitud. No peligra la vida de su hijo. «Ya es hora de que prepares la mesa». A pesar de que pueda parecerle una orden, en realidad eso también es un pedido.

¿Qué explicación se puede brindar para los pedidos simples?

«Porque eres parte de esta familia y cada integrante de una familia debe hacer cosas para ayudar a la misma. Como padre me toca pedirte que hagas ciertas tareas. Esa es mi función». Esa es una razón suficiente para pedidos razonables.

Sin embargo, existen otros requerimientos que a su hijo le parecerán fuera de lo común. Esos son los que deberá explicar. «A partir del lunes, Joan, irás en ómnibus a la escuela». Tal rutina nueva en la vida de un niño merece una aclaración. «La semana próxima comienzo un trabajo de medio tiempo en el hospital y debo salir de casa a la misma hora que tú y no dispondré del tiempo necesario para llevarte antes hasta la escuela. Estaré aquí hasta que tomes el ómnibus cada mañana y también cuando regreses en él por las tardes. Hoy iremos hasta el colegio para ver dónde te deja y en qué sitio deberás tomarlo por la tarde».

Habrá momentos en los que le resultará difícil dar una buena razón. Por ser padre siempre cuenta con el privilegio de decir: «Mis instintos paternos me dicen "no" y como yo soy el padre debo respetarlos. Tal vez me equivoque; pero lo único que me puede guiar son mis instintos, de manera que por ahora deberás confiar en mí». La mayoría de las decisiones son tomadas basándose en el sentir de una persona, no en la lógica.

Evite basar sus razones en «absolutos». Por ejemplo: No existe una edad mágica para que los hijos puedan salir con personas del sexo opuesto. El decirle: «No puedes tener novia hasta que puedas conducir un automóvil» deja poco lugar para la evaluación del desarrollo de su hijo o de su hija adolescente. ¡Es posible que aún no haya alcanzado la madurez necesaria a la edad de dieciséis años! Por otro lado, quizá pueda parecer apropiado que asista al baile de la escuela en un grupo de parejas, a la edad de catorce años. No lo encierre. Este principio se aplica también en asuntos tales como el uso de maquillaje, depilación de piernas, perforación de orejas, ir solo al cine o pasar la noche en casa de un amigo. No tome una salida fácil estableciendo «edades mágicas».

Haga una evaluación de su hijo como individuo. Muévase con él al ritmo de su evolución. Incremente su confianza en él a medida que lo merezca. Afloje las riendas paternas de acuerdo con su nivel de madurez. Ese enfoque le dice: «Te asigno el valor que tienes, no el de un «niño promedio», ni el de una «estadística», ni el de «todos los demás». Tomaré decisiones por ti y te las explicaré de una manera que considere apropiada para ti, no para los demás niños del barrio. Eres un individuo singular y me interesa toda tu vida, no sólo en este caso en particular».

Un niño que escucha las razones para los requerimientos y directivas llegará a creer que es una persona digna de consideración al momento de tomar decisiones. Su autoestima será enriquecida.

26 Cuando la escuela lo invite, no falte

Cuando la escuela de su hijo organice actividades ¡no falte!

Es probable que se pierda algunos de los partidos en los que jueguen sus hijos. Posiblemente no pueda estar presente en todas las funciones, conciertos o exposiciones de arte escolar. Tal vez no logre asistir a la reunión de padres cuando toque la banda.

Pero asegúrese de *ir* cuando tenga la oportunidad de conversar con la maestra o de observar el aula en la que estudia. Me dirijo a ambos padres, no sólo a la mamá.

¿Por qué es tan importante esto?

Primero porque estas actividades organizadas sólo se producen una o dos veces al año. Su hijo lo sabe y es probable que no comprenda el motivo de su ausencia cuando ha contado con tiempo de sobra para incluirlas en sus planes.

En segundo lugar es que esta es la única posibilidad de su hijo para darle a conocer el lugar, fuera de casa, donde pasa la mayor parte de sus horas cuando está despierto.

La tercera razón es que esto le da al muchacho la oportunidad de mostrar su éxito en un «mundo» fuera de su hogar. Es su ocasión de demostrar sus habilidades contando con el apoyo de su maestra.

Sin lugar a dudas le mostrará los trabajos que se han fijado en un mural, un proyecto en cuya construcción ha participado o un experimento realizado por la clase. De esa forma le dice: «Ves, papá, formo parte de este grupo. ¿Te parece bien? A mí me hace sentir bien, pero... ¿estás de acuerdo? Por ser buenos han puesto mis trabajos en exposición. ¿A ti también te parecen buenos?»

Además de asistir a la actividad haga el esfuerzo para participar en todas las reuniones entre profesores y padres. Si la maestra o el director pide verle, programe una cita tan rápido como pueda.

Al conversar con la maestra no sólo se enterará de algunos datos importantes con respecto a él, pudiendo en ciertos casos eliminar problemas incipientes, sino que también le trasmitirá el interés que usted tiene por su vida escolar y por su desarrollo intelectual. También le comunicará el mensaje de que apoya en un cien por ciento la idea del colegio, el papel de los maestros, y directores, así como el asunto del aprendizaje. Le dice: «Valoro tu mente. Deseo que aprendas todo lo que puedas. Quiero que alcances la mayor educación posible y que logres lo más que puedas».

Siempre que le sea posible responda a los pedidos de «ayuda paterna» hechos por los maestros. Eso tal vez implique tener que ir como acompañante en alguna salida escolar, que lleve un pastel a una fiesta de la clase, o que ayude a colocar los adornos para un baile.

El niño, cuyos padres demuestran interés por la escuela, valora más su propia habilidad de aprender. En la mayoría de los casos tiene un mejor entendimiento escolar aquel cuyos padres tienen una actitud favorable hacia la escuela.

27 «Cuando eras pequeño»

A todo niño le agrada oír historias en las cuales él es el héroe. Al narrárselas le asigna valor a su existencia. Le trasmite el siguiente mensaje: «Recuerdo esto acerca de ti. Eres tan importante para mí que recuerdo lo que decías y hacías, así como tengo presente lo que ahora dices y haces».

Cuéntele las cosas graciosas que decía o hacía siendo bebé o en los primeros años de su infancia. Déle la oportunidad de reírse de su creatividad e ingenio. Por supuesto que debe tener cuidado de no reírse nunca *de* su hijo, sólo *con* él.

Háblele acerca de las veces que hacía cosas especialmente enternecedoras: el beso cariñoso que le dio a su abuela cuando por primera vez la vio en la silla de ruedas, o la forma en que ofreció su juguete preferido a una amiga de visita que estaba triste al ver partir a su mamá. Brinde a los niños la ocasión de ver su generosidad y falta de egoísmo.

Relátele las ocasiones en las que hizo algo que le requirió valor. Recuérdele cómo entró valientemente al aula del jardín de infantes por primera vez. Cuéntele la historia del gato rescatado de debajo del cobertizo. Bríndele la oportunidad de ser el héroe.

Los relatos son una manera excelente de alabar las habilidades de su hijo, a la vez que cuenta sus logros. «Recuerdo cuando sólo tenías catorce meses y bajaste las escaleras del frente a pasos de gigante. Siempre tuviste una excelente coordinación, por eso no me sorprende para nada que ahora te destaques en los deportes».

Entreteja lo que considere como talentos notables y habilidades innatas en una historia que los ejemplifique... ¡Y observe su resplandor!

Nárrele historias que muestren cómo su hijo puede haber heredado las cualidades de otros miembros respetados de la familia. Comuníquele un rasgo positivo de esa herencia. «La noche que trajimos tu cachorro a casa, te encontré profundamente dormido al lado de su caja y el cachorrito estaba acurrucado contra tu mano. Habías oído que lloriqueaba y fuiste a su lado para acariciarlo y hacerle saber que no estaba solo. Eso me hizo recordar la noche en que dormías sobre el pecho de tu padre, el cual estaba profundamente dormido sentado en el sillón de la sala. Me parece que tienes la misma ternura de tu papá para con las criaturas inocentes y necesitadas de consuelo. Espero que nunca pierdas esa cualidad».

Las historias positivas acerca de la niñez de su hijo le dan un sentido de continuidad y lo hacen sentirse ligado a las vidas de otros que él considera importantes. Tales relatos le comunican un sentido de estabilidad, fidelidad y constancia de parte de sus padres.

28 Permita que su hijo sea el maestro

Brinde a su hijo la oportunidad de enseñarle algo que él sepa, pero que usted desconoce. No hay nada que le dé mayor estímulo a un niño que el dominar un tema tan bien, que se lo pueda enseñar a algún ser querido.

¿Cómo es su actuación en los juegos de video? Permítale que le muestre un par de trucos. ¿Ha leído el libro que él acaba de leer? Deje que le cuente la trama. ¿Ha descifrado cómo poder hacer funcionar la nueva videocasetera? Es probable que él sepa cómo hacerlo. Permítale que le enseñe.

La mayor parte del tiempo usted ocupa el sitio del maestro, mientras que él está sentado ante el escritorio de aprendizaje. ¡Invierta ocasionalmente los papeles y observe cómo avanza un paso enorme por el sendero que lo conduce hacia la autoconfianza!

Es muy probable que:

- Sepa cómo hacer funcionar todos sus juguetes mejor que usted.
- Su hija esté mucho más actualizada que usted en lo que respecta a la moda.
- Esté mucho más enterado que usted de los más recientes personajes y programas de televisión.

- Conozca mejor que usted la jerga más actualizada y el dialecto utilizado por la juventud.
- Sepa mucho más que usted acerca de los otros niños del barrio.
- ¡Su hija sepa arreglarse el cabello y las uñas de formas que nunca usted imaginó que fueran posibles!

Pídale que le enseñe algo que usted quiera saber. Luego haga un esfuerzo por aprender. Es posible que no desee conocer las últimas frases de la jerga con el fin de utilizarlas, pero tal vez quiera saber su significado para poder comprender a su hijo adolescente. Tal vez no quiera saber cómo colocarse las uñas postizas para usarlas usted, pero aun así puede demostrar interés por el proceso.

Para ser un buen «estudiante» debe mantener la curiosidad por el mundo de su hijo. Pregúntele por su preferencia respecto a la música y los músicos. ¡Pídale que le muestre y le haga escuchar las letras de sus canciones preferidas! (¡Con toda seguridad será una lección que le abrirá los ojos!) Tal vez quiera sugerir una noche en la que puedan escuchar música juntos. Déle a conocer las canciones que eran de éxito cuando usted tenía su edad y permítale poner después sus canciones favoritas.

Dedique tiempo para escuchar las observaciones de su hijo. Un día Tim, el hijo de John, dijo entusiasmado:

—¡Ahí va un Mustang 67, papá!

—¿Cómo supiste que era un 67? —respondió John sorprendido.

Durante la siguiente media hora, John descubrió que Tim podía identificar virtualmente todos los autos que circulaban según su marca, modelo y año. No sólo eso, sino que sabía cuáles eran considerados los más confiables por las revistas de información al consumidor y las de automóviles. ¿Adivine a quién consultó John la próxima vez que debió comprar un automóvil nuevo para la compañía?

Gina debía asistir a una fiesta formal, una fiesta de Navidad organizada por la compañía en el salón de un importante hotel.

¿Adivine a quién llevó Gina para que la ayudara a comprar un vestido? ¡A su hija de trece años! Gina dijo: «Es la experta de la familia en lo que se refiere a la moda. Sabe con exactitud lo que está de actualidad y cómo debe usarse, cómo cortarse el cabello y peinarse».

Al brindarle a su hijo la oportunidad de ser el experto, usted le dice: «Valoro tus conocimientos. Aprecio que me los digas para ayudarme. Un niño que enseña a otros no sólo tiene confianza por la información que posee, sino que también tiene la autoestima de que lo admiren y busquen por ser un instructor valioso.

29 Enseñe a su hijo cómo puede ser «hallado»

Enseñe a su hijo qué hacer cuando se encuentre perdido.

Explíquele cómo leer un mapa.

Los niños que tienen cierta comprensión de cómo hacer para desplazarse desde donde están hasta donde quieren estar son menos tímidos, confían más en ellos mismos y tienen una mayor seguridad para sobrevivir en el mundo «real».

Casi todos los pequeños experimentarán, al menos por un breve momento, el pánico de descubrir: «¡Estoy solo!», o «¡Estoy perdido!» Puede suceder en cualquier ocasión que sea separado momentáneamente de la familia o del grupo por causa de los empujones y del apuro de la multitud.

Por lo general su primera reacción es pedir ayuda, aun cuando sólo sea mediante un grito silencioso, interno. La segunda es llorar. Puede enseñarle qué hacer como tercera reacción, es decir a dar los pasos que lo ayudarán a encontrar el camino de regreso al grupo, a la seguridad o al hogar.

Enseñe a su hijo pequeño lo que debe hacer si se siente perdido. La primera regla que debe recordar es permanecer donde está. Asegúrele que probablemente usted descubrirá su ausencia rápidamente. Explíquele que por ser usted más alto podrá encontrarlo aun antes de que él pueda verlo. Sin embargo, ¡no podrá buscarlo tan fácil si él se cambia de lugar!

Enséñele desde temprana edad a decir su nombre completo con claridad y a darlo cuando le sea requerido. Aun los niños de dos o tres años pueden aprender la dirección de su domicilio y el número de teléfono.

Enséñele también *a decir el* nombre de sus padres. Hágale saber que usted tiene otro nombre, además de «mamá» o «papá» y que lo usa al relacionarse con otros adultos.

Enséñele a su hijo que busque un adulto que tenga algún tipo de insignia. Por supuesto que una insignia es bien visible en un oficial de policía o de seguridad. También puede considerarse como tal una plaquita con el nombre inscripto, como las usadas por dependientes de negocios o las recepcionistas. Adiéstrelo para que diga: «Estoy perdido. ¿Puede usted ayudarme? Mi nombre es _____. Estaba con _____». Asegúrele que el perderse no implica que sea estúpido. Y recuérdele que *nunca* abandone cierta área, ni suba a un auto con un extraño, aun cuando lleve puesta una insignia.

El estar perdido también puede significar que está desorientado. Es en ese momento que la habilidad de leer un mapa adquiere importancia.

Puede confeccionar uno del jardín de su casa, de su cuadra o del conjunto de departamentos, de su barrio o de su parque preferido. Haga que su hijo identifique los puntos clave de referencia. Luego utilice el mapa para llegar desde un punto A hasta un punto B. En sí la actividad de crear un mapa lo ayudará a ser más observador de su entorno: Es de fundamental importancia contar con esta destreza si llega a perderse.

Cuando realice viajes o deba hacer mandados, en ocasiones asigne a su hijo el papel de copiloto. Muéstrele cómo interpretar un mapa de su ciudad y cómo trasladar las direcciones bidimensionales al mundo tridimensional que está por fuera de la ventanilla del automóvil.

Cuando visite los centros comerciales, los parques de diversión y los zoológicos de su localidad, busque los mapas que a menudo están ubicados a la entrada o cerca de los ascensores. Muéstrele a los hijos mayores cómo localizar el punto que dice:

«Usted se encuentra aquí» y luego cómo ubicar el sitio al que quieren dirigirse. Al entrar juntos a un centro comercial, un parque o un gran edificio, es una buena idea determinar un lugar donde puedan reunirse en el caso de que se separen. El decidirse por un punto de cita y saber cómo interpretar un mapa para llegar hasta allí, puede dar a los niños gran confianza en un ambiente diferente.

Muéstrele cómo confeccionar un mapa sencillo a partir de instrucciones verbales. Cómo dar indicaciones y tener un mapa para referencia. Pídale que haga un mapa del supermercado más cercano y que ofrezca direcciones guiándose por él.

Pida ayuda cuando se desoriente. Enséñele a su hijo por medio del ejemplo, que no se sienta culpable ni avergonzado por preguntar. La mayoría de las personas estarán deseosas de ayudar dando indicaciones.

Los niños que saben dónde están, hacia dónde se deben dirigir y dónde han estado, son los que tienen confianza. El enseñarle a su hijo cómo aceptar y dar direcciones así como interpretar un mapa le comunica lo siguiente: «Te valoro demasiado para permitir que te sientas perdido y desvalido. Deseo que seas hallado. Quiero estar contigo». Un niño que tiene una elevada autoestima es uno que se siente «hallado».

30 Capacítelo para enfrentar el rechazo

Todo niño en algún momento se enfrentará a alguien, tal vez a un hermano o quizás a un adulto que dirá: «Vete. No deseo jugar contigo. No quiero que estés cerca de mí».

El trasmitirle ciertos consejos para poner en práctica ante el rechazo es una forma de decirle: «¡Eres una gran persona y vales aun en esos momentos, cuando sientes que otros no reconocen tus méritos!»

Explíquele los motivos por los que pueden rechazarlo.

Un niño puede ser rechazado porque la otra persona (o grupo) está involucrada en una actividad o un juego. Es posible que el niño en realidad interrumpa. No se rechaza como persona, sino que se le pide que espere. Enséñele a reconocer los sentimientos de rechazo que surgen ante su intento de distraer a alguno de una actividad que ya está en marcha. Enséñelo a decir: «Lo siento. Regresaré más tarde».

Un niño puede ser rechazado por causa de su mal comportamiento. Anímelo a reconocer el hecho de que su mala conducta ha disgustado a otros. Enséñele a decir: «Lo siento». Por lo general, cuando se piden disculpas los niños perdonan y frecuentemente el juego se restablece a los pocos minutos.

«¡Pero yo no hice nada!» Esa es una frase que a menudo escuchan los padres. «Quizás sí hiciste algo y no te das cuenta» es una buena respuesta. Anímelo a preguntar a sus compañeros de juego: «¿Hice algo malo?» Estimúlelo a admitir haber obrado mal cuando ha herido los sentimientos de otro muchacho.

Un niño puede ser rechazado por causa de celos de parte de otro u otros niños. El hecho de que alguien lo rechace por celos puede ser doloroso, pero suele estar relacionado con un galardón recibido, un elogio o un honor concedido o con la adquisición de nuevas posesiones. Tal rechazo por lo general no es por causa de quién es el niño. En muchos casos se deriva de los celos basados en algo que su hijo ha hecho «correctamente» y no por algo mal hecho. Ayúdele a reconocerlo.

Un niño puede ser rechazado por el simple hecho de que el otro muchacho está de mal humor. Puede haber sucedido algo que causara que el otro niño (o niños) se pusiera de muy mal humor sin que esto se relacionara de ninguna forma con su hijo. Es posible que el niño que está rechazando acabe de ser castigado, haya recibido malas noticias o haya sido rechazado también. Anime a su hijo a concederle al otro niño tiempo y espacio para recuperar su autocontrol.

Un niño puede ser rechazado porque otro ha recibido una enseñanza incorrecta. Los padres de un compañero de juegos pueden haberle inculcado prejuicios o enseñado falsas premisas o aseveraciones. Por lo general un niño puede discernir si el rechazo está basado en factores tales como raza, religión, incapacidad o nivel de ingresos. Explíquele a su hijo que algunas personas están mal informadas y que lo mejor que puede hacer para enseñar la verdad al que lo rechaza es seguir obrando de la mejor manera posible, mantenerse alegre y ser bondadoso.

Su objetivo es el de alentarlo para que no interiorice el desprecio. Ayúdelo a reconocer que algunos rechazos son temporales, o no son por culpa de su hijo y otros pueden resolverse pidiendo disculpas. Separe el rechazo relacionado con lo que *hace* su hijo del producido por lo que *es*.

Enséñele que no todos tienen los mismos gustos, disgustos, opiniones, escalas de valores o estilos. Todas las personas son diferentes. Algunas sentirán afinidad con la personalidad, la creatividad y los gustos y disgustos de su hijo. Otras no.

Una manera de ayudar a los hijos a sobrellevar el desaire es alentarlos a orar por el otro niño o el grupo ofensor. La oración es una cosa positiva que puede hacer su hijo en una situación negativa. Este tipo de oración no sólo ayuda a que se sienta mejor emocionalmente sino que proporciona un marco más apropiado para poder aproximarse a la otra persona en el futuro.

El nivel de confianza de su hijo se reforzará si usted le brinda un marco para comprender y aprender a sobrellevar el rechazo. También le ayudará a retener su autoestima cuando ésta sea atacada.

31 Su hijo, el dador

Brinde a su niño la oportunidad de dar. El niño que tiene autoestima, da voluntariamente. Alentarlo a ser generoso, aun cuando la idea no surja de él, ayuda a desarrollar la autoestima.

El regalo puede ser el tiempo que toma para visitar a un abuelo enfermo. O tal vez el rastrillar las hojas del jardín o sostener una cinta con el dedo mientras otro ata un moño. Puede tratarse de compartir galleticas, juguetes o ropa.

Los puntos sobresalientes de un obsequio son estos: la persona que recibe el regalo no lo solicita y el mismo se da sin esperar retribución.

En muchos casos lo más sabio es que usted sugiera, no que exija, que su hijo haga un obsequio. Un presente que se da cumpliendo «órdenes» en realidad no es un regalo; es un acto de obediencia que se suele realizar de mala gana.

Sin embargo, no permita que su hijo utilice el obsequio como una forma de manipulación, lo cual ocurre cuando un niño desarrolla la actitud de esperar algo a cambio.

Anímelo a dar algunos regalos que impliquen un sacrificio en especial al entrar en los años de la adolescencia, cuando pueda comprender el valor del tiempo y de las cosas.

Enséñele a dar sin lástima y como una expresión de amor, interés y compasión. No permita que mire con desprecio a la persona que recibe su regalo. Muchos niños son estimulados a dar sus juguetes viejos a los pobres. Los que sólo regalan sus juguetes deteriorados llegan a pensar que los niños pobres sólo merecen cosas viejas y usadas.

Enseñe a su hijo que el acto de dar puede realizarse a todo lo largo del año y espontáneamente. No es imprescindible tener papel especial o moños para que un regalo sea tal. No hay necesidad de esperar hasta la llegada de los cumpleaños o de las fiestas.

Anímelo a dar «regalos de servicio» a los necesitados, tales como cortar gratis el césped del vecino anciano, no recibir pago por cuidar el bebé de una tía que nunca dispone de una noche para salir, o dar cinco buenos masajes a la espalda de papá.

Finalmente a la vez que lo alienta a ser dadivoso, debe insistir en que le diga por adelantado lo que obsequiará y a quién. ¡Seguro que usted no querrá que se lleve el juego de cubiertos para darlo a los vecinos de enfrente; tampoco deseará que done su ropa sin saberlo usted antes!

El niño generoso es uno que llega a comprender: «Puedo desprenderme de algunas de mis posesiones porque sé que no disminuirá quién soy. Mi valor no se mide por las cosas».

No es de importancia el valor intrínseco del regalo. ¡El valor del acto de dar es duradero y grandioso!

32 Asegúrese de que su hijo disponga del dinero necesario para hacer dos llamadas telefónicas

Una forma sencilla y efectiva de desarrollar en su hijo la confianza es asegurándose de que siempre disponga del dinero necesario para realizar por lo menos dos llamadas telefónicas.

Tal vez quiera coser a mano un pequeño monedero adherido fuertemente a la parte interior del bolsillo del saco de su hijo, agregar un par de monedas al estuche de las llaves o esconder el dinero para el teléfono en su bicicleta.

El disponer de monedas para hacer dos llamadas telefónicas le da a su hijo la seguridad de poder localizarlo a usted o a otra persona que haya dispuesto en el caso de una emergencia. (Si posee una máquina de mensajes, asegúrese de que sepa esperar y dejar un recado para informar en qué lugar se encuentra, cuál es su problema, qué se supone que usted haga y hacia dónde se dirigirá después de colgar.)

Enséñele que si pierde una moneda, debe usar la otra para llamar a la operadora marcando el «0». Adiéstrelo para que le diga a la operadora: «Hola. Estoy en un problema. Sólo tengo ____ años y necesito su ayuda. Poseo una sola moneda y necesito hablar con _____. Este es el número que me dieron, pero si no se encuentran deberé llamar a otra persona. ¿Podrá usted ayudarme?» ¡Cualquier operadora ayudará con gusto a un niño tan educado y tan organizado!

Asegúrese de que su hijo haya memorizado el número del teléfono de su casa así como también al menos un número más donde tenga posibilidad de encontrar ayuda. Puede ser el de su jefe en el trabajo, el de una abuela, del trabajo de su cónyuge, de un amigo o de alguna otra persona disponible que pueda auxiliarlo en una situación de emergencia. Confirme también que su hijo sepa el nombre de su jefe o el de la compañía donde usted trabaja, igual que la de su cónyuge.

Haga que comprenda la importancia de no gastar este dinero. Asegúrese de que entienda que es sólo para ser utilizado en caso de urgencia, y a no ser que esto ocurra, es mejor «olvidarse» del mismo. ¡Revise periódicamente para confirmar que las monedas siguen donde deben estar!

Enséñelo que siempre puede llamar al 911 (si ese número está disponible en su ciudad o localidad) o a una operadora para solicitar auxilio. Asegúrese de que conozca que el marcar en el teléfono el número 911 es sólo para solicitar la ayuda de la policía, los bomberos o el servicio de ambulancias y que *únicamente* debe utilizarse cuando sea necesaria la ayuda de tales personas.

Un niño que tiene el dinero para efectuar dos llamadas telefónicas, por lo general puede convertir en buena una situación mala. El niño que sabe cuándo y a quién llamar pidiendo ayuda, siente menos soledad y menos temor.

33 Estimule a su hijo para que memorice

Durante el tiempo en que asisten a la escuela la mayoría de los niños aprenden a recitar la «Promesa de lealtad a la bandera» [en los Estados Unidos de América]. Sin embargo, aparte de eso, muy pocos colegios enseñarán a su hijo a memorizar cualquier otro poema completo; esta habilidad y práctica parece haber sido descartada con el correr de este siglo.

La memorización de una poesía, una cita o una frase ayuda al pequeño a centrar su atención en las palabras y las formas en las que se estructura y utiliza el lenguaje. El niño que escucha el lenguaje (porque un adulto amoroso le prepare actividades como la lectura de un cuento) cuando sea adulto sentirá mayor amor por el lenguaje y tendrá más facilidad para el mismo. Esto también se aplica a un niño que al hablar ordena las palabras de una manera que de otro modo no haría. Se enriquece su comprensión de la forma en que pueden ser enlazadas para formar las frases. Y con frecuencia arriba a la conclusión de que el uso del lenguaje puede ser divertido.

El material memorizado a menudo se puede recordar casi por «instinto» en momentos necesarios o apropiados. Aun cuando su hijo no exprese las frases, las palabras memorizadas a menudo pasarán por su mente reforzando los conceptos trasmitidos. Esta realidad se aplica en especial a proverbios y canciones enseñadas como cápsulas de verdades importantes.

Recitar una pieza memorizada representa un «logro» importante para un niño. La declamación es un ejemplo de la capacidad de aprendizaje de un niño; le trasmite a otros: «Memoricé esto. Lo sé. Nadie me lo puede quitar».

¿Qué cosa debe darle para memorizar?

Haga que su hijo memorice las cosas importantes y significativas para usted. Entonces el acto se convierte en un lazo de información entre ambos. El contenido de ese vínculo puede ser: escrituras, proverbios, sus poesías preferidas o las rimas que aprendió de pequeño. Puede motivar su selección la simpleza o la belleza de las palabras o el impacto que le causaron la primera vez que comprendió su mensaje. Cuando sea apropiado, cuéntele por qué la pieza o la canción es tan significativa para usted.

Haga que su hijo memorice prosa, poesía o canciones que comuniquen un mensaje que usted desee él incorpore a la trama de su carácter. La pieza puede ser parte de un discurso patriótico, un pasaje de un sermón famoso, un capítulo de uno de los evangelios, una poesía acerca del bien y del mal.

Haga que su hijo memorice algunas cosas que sean solamente divertidas para recitar o cantar. Enséñele el hecho de que las palabras pueden ser divertidas; las canciones pueden ser graciosas. Algunos vocablos tienen como único fin ayudar a sentirnos bien y traer a nuestros rostros una sonrisa. Déle algo «feliz» para recordar cuando se sienta triste.

Asegúrese de que sus hijos hayan memorizado cierta información desde temprana edad. Confirme que conozcan su domicilio y ciudad, número de teléfono, nombre completo, los nombres de sus padres, quién emplea a sus padres, el de su escuela y de sus maestros. Sería una buena idea que le hiciera un examen con bastante frecuencia hasta tener la seguridad de que su hijo puede responder rápida y automáticamente la información clave.

Utilice la repetición como un medio de enseñanza de memorización. Divida las piezas largas en unidades más pequeñas que puedan ser memorizadas y luego enlazadas.

Una vez que el niño tenga éxito en la memorización de algo específico, ayúdelo para que lo retenga en su «archivo activo» por medio de la repetición periódica durante semanas o meses.

Bríndele a su hijo una herencia verbal, una herencia de lenguaje y la confianza que se deriva de recitar un fragmento. ¡Déle el refuerzo de la autoestima que proviene de darse cuenta de que se le ha confiado una importante tradición familiar o cultural!

34 Déle libertad para explorar

Déle a su hijo la libertad de explorar el mundo dentro de los límites de la salud y la seguridad. Al hacerlo, le dará la confianza que se deriva de saber que: «No necesito temerle a las nuevas experiencias».

Algunos padres limitan mucho a los hijos. Otros no se interesan lo suficiente. ¿Dónde está el balance perfecto? En sentido general esto puede resumirse en una frase: Mantenga a los niños pequeños dentro de su campo visual o auditivo (cuando se encuentren fuera de la casa) hasta tener la seguridad de que están cerca de otro adulto que se preocupa por ellos y que está dispuesto a asumir la responsabilidad de cuidarlos.

Observe a su hijo mientras camina hasta la parada del ómnibus escolar y suba al mismo. Vigílelo hasta que entre por la puerta en su clase de Escuela Dominical. Échele un vistazo cada cierto tiempo cuando juegue en el jardín, aunque sólo sea a través de una ventana o haga una pausa para escuchar el sonido de su voz. No lo pierda de vista en el parque, aun cuando usted esté sentado en un banco a pocos metros de distancia. Confirme que esté en la casa uno de los padres del amiguito y que éste conozca de su visita *antes* de que usted se aleje en su automóvil.

¿Requiere esto de algún esfuerzo? Sí. La paternidad responsable siempre lo requiere.

Uno de los hitos de mi niñez ocurrió el día que nuestra familia fue a Disneylandia y mis padres dijeron: «Tú y tu hermano pueden hacer lo que quieran durante la próxima hora. Ambos tienen relojes de pulsera. Al cabo de una hora regresen a este punto para encontrarnos. Si lo hacen, sabremos que podemos permitirles otra hora a solas».

Sin saberlo nosotros, mamá y papá nos siguieron a cierta distancia durante esa hora, para tener la seguridad de que no nos apartábamos de las instrucciones recibidas, o que no esperábamos pacientemente en las filas. Mi hermano y yo sentíamos una gran libertad y una gran responsabilidad por estar «a solas» tanto rato. ¡Es probable que hayamos demostrado mayor cuidado el uno por el otro y que nos hayamos restringido más que si hubiesen estado nuestros padres a nuestro lado! Regresamos a la hora señalada. Y ambos nos sentimos orgullosos de haber hecho algo sin la supervisión de los adultos. Sólo unos años más tarde fue que supimos que mamá y papá habían estado a unos cinco metros de distancia de nosotros en todo momento. Estábamos dentro de su radio visual, aun cuando ellos no se hallaban dentro del nuestro.

¿Su hijo tiene deseos de estar a solas con sus amigos en la feria? Observe desde cierta distancia. ¿Su hijo de cuarto grado quiere caminar hasta la escuela con sus amigos? Obsérvelo al menos hasta que ponga un pie en el predio escolar. ¿Su hija de diez años tiene ganas de ir de compras con sus amigas al centro comercial? Vaya también y controle desde lejos.

¿Cuándo debe dejar de vigilar? Al entrar su hijo a la adolescencia y probar que es digno de confianza, entonces puede disminuir el control. Sin embargo aún tendrá la responsabilidad de saber dónde está y cómo localizarlo por teléfono.

Aunque usted esté observando, anime a su hijo a investigar su mundo. Sugiérale subirse a un árbol, probar el tobogán, caminar hasta el final del muelle, buscar peces y correr en la playa delante de usted así como explorar los charcos dejados por la marea. Permítale subirse a las pesas y tomarse la presión con una moneda.

Permítale buscar cosas para usted y realizar acciones que precisen de responsabilidad. «Jimmy, ¿podrías ir rápidamente a buscar un litro de leche mientras espero con el carrito mi turno para pagar?» O «Caitlyn, ¿podrías hacerme el favor de correr hasta el parquímetro y agregarle esta moneda?»

Al alentar el descubrimiento de cosas nuevas por su cuenta, le dará a su hijo la confianza de que verdaderamente puede aprender y enfrentarse a nuevas experiencias y adquirir información.

El niño al que se le concede la libertad de andar, de ensuciarse, de agarrar ranas y de saltar la cuerda es el que de vez en cuando tendrá magulladuras. Pero también será el que echará a volar su espíritu e imaginación.

Un niño de elevada autoestima es el que cree que puede conquistar algo nuevo aun antes de intentarlo. ¡Aun cuando inicialmente fracase!

35 Enseñe a su hijo los principios básicos de la autodefensa

Bríndele a su hijo los principios básicos de la autodefensa. Esto no sólo es importante para mantener su autoconfianza y autoestimación, sino para proteger su vida.

En nuestra sociedad actual los niños necesitan tener una estrategia defensiva para resistir a los traficantes de drogas, los abusadores, fanáticos de sectas y secuestradores.

Los traficantes de drogas o cualquier otra persona que intente seducirlo para que pruebe el alcohol, los cigarrillos, las pastillas u otros productos químicos, se deben evitar.

Los abusadores infligen daño sexual, físico o emocional. Si alguien insiste en ejercer control sobre su hijo (la conducta de la persona puede estar produciendo un cambio en la personalidad de su hijo) que está experimentando una forma seria de abuso.

Esto no quiere decir que los padres que castigan a sus hijos por mala conducta son abusadores. Un golpe aplicado a las nalgas puede «dolerle» al niño, pero ese dolor físico pronto desaparece y debe compensarse con igual cantidad de amor y ternura. No existe una buena excusa, ni una causa legítima, para el abuso.

Los fanáticos de las sectas pueden intentar atraer a su hijo para que forme parte de un grupo secreto o exclusivo, al cual usted, el padre, no tiene acceso. La mayoría de las sectas le ofrecen participación a los jóvenes, integrándolos a un grupo que les pide rechazar a sus padres, mentirles, o rebelarse abiertamente contra ellos.

Los secuestradores intentan raptar a su hijo o impedirle regresar a casa. Ya no basta con enseñarle que nunca hable con extraños. Las estadísticas demuestran que lo más probable es que la persona que suele dañar física o emocionalmente a los niños sea un adulto conocido o querido por ellos.

Hábleles a sus hijos acerca de las tácticas que puede utilizar un secuestrador potencial. En la mayoría de los casos el acercamiento inicial será amistoso. Con frecuencia se le ofrecerá a su hijo algo divertido que lo entusiasme o alguna cosa atractiva.

Enséñele las ocasiones específicas en las que debe decir no:

- Si alguna persona desconocida le ofrece algo para comer o fumar.
- Si alguien le ofrece cualquier tipo de pastilla.
- Si alguien que él no conoce bien ofrece llevarlo a casa.
- Si cualquier persona lo toca en alguna parte del cuerpo considerada «íntima».
- Si alguien le dice que no le muestre ni le cuente algo a usted, sin importar cuál sea el motivo o el secreto.

Aparte del «simplemente di que no» se le debe adiestrar para que dé dos pasos más:

Uno. «Aléjate lo más rápido que puedas». ¡Enséñele a su hijo que no debe negociar, conversar ni discutir con una persona que le ofrezca obsequios o intente aproximarse!

Dos. «Ven y cuéntame lo sucedido *inmediatamente*, sin importar lo que la otra persona haya dicho o amenazado» y asegúrele que la amenaza proferida no es motivo suficiente para impedir que le relate lo ocurrido.

Por sobre todas las cosas establezca una relación con su hijo para que siempre pueda acercarse a usted con una pregunta, un sentimiento o una preocupación. Cuando finalmente venga, acepte lo que le diga como una verdad.

No descarte sus heridas, preocupaciones o preguntas. Dígale: «Lo que esa persona dijo o hizo *no es* aceptable. Me enoja que esto te haya sucedido y me alegra que me lo hayas contado». Dígaselo con un abrazo.

Si el niño le dice que ha sido maltratado por una persona, decididamente no debe permitirle que esté con ella hasta haber comprobado la magnitud del hecho y que el abusador haya sido confrontado. (En muchos casos será bueno llamar a las autoridades, ¡para que sean ellas las encargadas de la verificación!)

Háblele a su hijo acerca de las drogas, y explíquele la diferencia existente entre las *drogas* y los *medicamentos*.

Converse sobre los peligros del abuso infantil y de su derecho de recibir un tratamiento respetuoso de parte de los adultos.

Su hijo podrá enfrentarse a estos temas si usted le da a su conversación un tono que exprese su amor por él y su deseo de que tenga protección y seguridad.

36 No permita que sea usted la única persona importante para su hijos

Anime a su hijo a establecer relaciones con otros adultos de confianza, de los cuales le parezca que pueda obtener información, recibir amor y servir de ejemplo de conductas positivas. Tal «persona significativa» le ayudará a edificar la autoestima de su hijo, y también le dará confianza de que no estará solo en el mundo si llegara a sucederle algo a usted.

Los niños necesitan tener la seguridad de que habrá quién los cuide si sus padres llegan a morir. Es posible que a una edad temprana los niños deban enfrentarse a la muerte o a ser separados de sus padres. Se preguntan entonces y a menudo en voz alta: «¿Qué me sucederá si tú no estás aquí?» Asegúrese de poder darle una respuesta concreta. Una parte de la responsabilidad que le corresponde como padre amoroso es la de prever que su hijo tenga dónde ir y que haya alguien capaz de ocuparse de él en caso de quedar usted incapacitado o de fallecer.

Como una norma cotidiana debe animarlos para que mantengan una buena relación con sus abuelos, tías y tíos. Esto resulta un gran desafío en los hogares divididos por un divorcio; debe reconocer que sin tomar en cuenta cuánto dolor haya sufrido, su hijo aún necesita relacionarse con su ex cónyuge y con los miembros de su familia. Al quitarle la mitad de su parentela le elimina muchos recuerdos y experiencias de valor incalculable. Los pequeños nunca podrán comprender la razón por la cual han sido separados de un abuelo o de una abuela amorosa sólo porque papá o mamá se hayan ido. Con eso sólo logrará profundizar la sensación de pérdida de un niño al obligarlo a alejarse de los familiares de su ex cónyuge.

Una de las características más importantes de esta persona significativa deberá ser que *quiera* pasar tiempo con su hijo y que desee formar parte de su vida. Busque a aquellos adultos que verdaderamente disfruten al estar con su hijo a la vez que a él le agrade pasar algún tiempo con ellos. Promueva esas relaciones al:

- Permitirle a su hijo pasar tiempo con esta persona.
- Animarle a conversar acerca de sus problemas con esta persona.
- Ayudarle a escoger obsequios para esta persona y demostrar gratitud por los regalos recibidos de parte suya.
- Considerar a esta persona como un familiar en sus conversaciones y actividades

Anímelo a invitar a quienes considere significativos a las obras escolares, a los juegos de fútbol, a los conciertos del coro juvenil y a otros eventos. Invite a la persona a participar de salidas familiares.

No se sienta herido y no permita que su hijo se sienta lastimado si su «amigo mayor» no puede aceptar todas estas invitaciones. Una buena respuesta que se puede enseñar a los niños para aplicar en tales situaciones es: «Tal vez pueda la próxima vez».

Aclárele a su hijo cuáles son las limitaciones de autoridad y responsabilidad sobre él que posee esa persona significativa. (¡También converse sobre este tema con esa persona!)

Hable a menudo con sus padrinos, tías y tíos o abuelos acerca de su hijo. Permítales saber un poco acerca de lo que su hijo está experimentando y con qué cosas está luchando. Déles a conocer sus logros y desilusiones. Cuénteles acerca de sus actividades y focos de interés. Esto les aportará indicios con respecto a cómo tratar con su hijo, a qué deben prestar atención, y ¡cuáles regalos deben comprar para Navidad!

Los niños que cuentan al menos con uno o dos adultos más a los cuales puedan recurrir en busca de consejo, amistad, comprensión y abrazos, tienen la confianza de ser valorados más allá de la familia inmediata. Saben que no están solos, aun cuando falten sus padres. ¡Bríndele este tipo de refuerzo a su nivel de estima y confianza!

37 Elimine los comentarios críticos

Cuando su hijo le oye criticar a las personas que él ama, puede surgir un resentimiento hacia sus comentarios. Cuando lo oye criticar a quienes supuestamente *usted* ama, él comienza a dudar de sus declaraciones de amor. Es posible que piense: «Si mamá dice eso acerca de la abuela y al mismo tiempo dice que la ama, entonces, ¿cuál es el verdadero significado de "amar"? ¿Qué quiere decir cuando afirma que me ama y me estima?»

Su hijo también puede preguntarse: «¿Qué dirá papá cuando no estoy presente? ¿Será que en mi presencia dice que me ama y estima, pero luego le dice a otros que me odia y que no valgo nada? ¿Puedo confiar en que lo que diga papá es verdaderamente lo que cree?»

No critique a los amigos de su hijo delante de él.

Tampoco haga comentarios sobre el padre ausente en presencia de su hijo (bien sea que éste se encuentre en el trabajo o que su ausencia se deba a un divorcio o separación).

No hable mal de los amigos o parientes suyos delante de su hijo.

¿Quiere decir esto que sólo deberá decir cosas buenas acerca de la gente, al punto de casi excluir la verdad?

No. Por ejemplo, si el padre (o la madre) del niño está en prisión, su hijo debe estar enterado de ese hecho. No le mienta diciéndole que se encuentra en viaje de negocios. Puede estar seguro de que otra persona le dirá la verdad. Entonces deberá enfrentarse no sólo a la realidad de la situación en la que se halla su cónyuge, ¡sino también a la de su propia mentira! Puede decirle que mamá o papá está en prisión por haber cometido una gran falta. No es necesario relatarle todos los detalles, pero no le diga que es un despreciable y sucio bribón, desgraciado e inútil.

Le puede decir a su hijo que en realidad le desagrada la forma de vestir de una de sus compañeras. Incluya en sus comentarios frases tales como: «Eso no es de mi agrado», o «Me parece que ese estilo no le favorece». Pero no le diga: «Tu amiga es «mala» o «sucia», o que: «Se viste como una prostituta». Y no diga: «Los padres de Rod deben estar locos para permitirle hacerse ese peinado».

En resumen, lo dicho puede hacerle notar a su hijo ciertas *conductas* no aprobadas por usted, ¡pero nunca degrade el carácter, la reputación o la personalidad del amigo! Haga una distinción o separación entre las acciones y la persona.

El exceso de críticas hacia otros puede dañar seriamente la confianza y estimación de su hijo. Tenga en cuenta que tal actitud valorativa puede confundirlo. Haga un esfuerzo para evitar juzgar a otros en presencia de su hijo.

38 No amenace en vano

Una forma efectiva de minar la confianza y destruir la autoestima es hostigar a su hijo con amenazas vanas, pues le infunden temor y este carcome la confianza. La amenazas también hacen que se sienta alienado. «Si mamá me amenaza es porque seguramente no le da ningún valor a mi seguridad o bienestar».

La intimidación no sólo causa temor e inconstancia disciplinaria, sino que destruye su reputación de decir la verdad.

Una advertencia vana no es una realidad. Es de una importancia fundamental el reconocer esto. No es una amenaza vana decir: «Si vuelves a hacer eso una vez más, te sacaré de esta habitación y decidiremos tu castigo». Tampoco lo es: «Esta es la tercera vez que me has desobedecido hoy. Cuando lleguemos a casa voy a darte una paliza». No se trata de amenazas vanas, ¡si usted cumple con lo que ha dicho que va a hacer! Son simplemente declaraciones de lo que sucederá. Son advertencias de las consecuencias.

Sin embargo, es una amenaza vana el decir: *«Tu papá te dará una paliza si haces eso»* y que después no reciba castigo alguno de parte del padre cuando ha realizado una mala acción. El no cumplir con lo prometido lleva al niño a pensar: *No sé cuándo puedo confiar en que papá me dice la verdad. Tal vez no lo hace en lo que respecta a quién soy o cuánto le intereso. Es posible que tampoco sus promesas sean verdaderas.*

Si una amenaza vana no es un hecho, porque nunca llega a concretarse, entonces no es una verdad. Y si no es verdad, entonces es mentira.

Algunos padres amenazan a sus hijos diciéndoles que los monstruos saldrán de debajo de la cama para «agarrarlos» si se bajan de ella sin pedir permiso.

Otros intimidan a los pequeños diciéndoles, que el viejo de la bolsa vive un poquito más allá de los límites establecidos para jugar y que los «agarrará» si se alejan del jardín, o si se escapan por una ventana durante la noche.

Algunos hacen amenazas de abandono. «Te dejaré aquí solo si no vienes ahora mismo».

Dígale la *verdad* a su hijo. Cumpla con lo que dice que hará. Déle lo prometido. Castigue de acuerdo con las reglas establecidas. Que su sí sea sí, y su no sea no.

Cuando a un niño se le dice la verdad sabe qué creer con respecto a sí mismo. Ese es un factor crítico en la formación de la autoestima de su hijo.

39 Déle información anticipada

Cuando sea posible prepare a su hijo para enfrentarse a nuevas situaciones o experiencias. Refuerce su nivel de confianza al proveerle de una «advertencia anticipada».

Prepare a su hijo para una casa nueva. Háblele acerca de los planes de mudarse y de ser posible, llévelo a pasear por el nuevo barrio y a recorrer la casa prevista. Si busca una vivienda y está a punto de tomar una decisión, llevelo con usted y permítale participar en la elección.

Ayude a su hijo a orientarse en una nueva escuela. Vaya a la escuela antes del primer día de clases y camine alrededor de los edificios y del campo de juegos. Converse con él acerca de los momentos divertidos que tendrá en el nuevo colegio. De ser posible vaya a conocer a la maestra y el aula donde estará.

Explíquele al pequeño el funcionamiento de la nueva escuela: los timbres, los recreos, el tiempo para almorzar y las distintas materias que deberá estudiar. Converse acerca de las diferencias entre la nueva escuela y la anterior. Aclárele que los horarios de las clases y las expectativas de los maestros también pueden ser distintos.

Prepare a su hijo para el primer viaje a un campamento. Recuerdo cuando mis padres me llevaron a las montañas, un sábado por la tarde durante la primavera, para conocer el predio del campamento donde pasaría una semana el siguiente verano. Dimos una vuelta por las cabañas y caminamos alrededor de la laguna, y hasta espiamos por las ventanas del comedor.

Durante las siguientes semanas me resultó fácil imaginar mi «ida al campamento» y cuando por fin llegó el momento, subí al ómnibus sin ningún temor y con gran confianza.

Ayude a su hijo a prepararse para su primera representación en público. De ser posible antes de que ocurra ese primer programa de Navidad, función escolar o recital, repase con su hijo todas las alternativas. Déle la oportunidad de estar sobre el escenario real y mirar el área del auditorio. Bríndele una posibilidad de ensayar frente a un grupo. ¡Aunque sólo sea la familia reunida en la sala de la casa y el niño esté parado sobre una banqueta!

Prepare a su hijo para enfrentarse a cualquier experiencia por primera vez. Si es posible, anticípese a sus preguntas cuando se enfrente ante una nueva experiencia. Puede tratarse de una visita a la casa de un amigo donde pasará la noche, una fiesta o su asistencia a una boda.

Confianza. Autoestima. El niño que recibe una advertencia anticipada se siente preparado para un desafío y sabe que: «Me estiman lo suficiente como para comunicarme lo que sucede. No es necesario que me asuste por lo nuevo. Mamá y papá piensan que soy capaz de enfrentarme a esta situación y consecuentemente, ¡es probable que pueda hacerlo!»

40 Ayude a su hijo a desarrollar la capacidad de superar el fracaso

No importa cuánto haya preparado al niño para una experiencia, y a pesar de las veces que pueda haber hecho algo de forma correcta en el pasado, habrá ocasiones en las que fracase.

- Le errará a la canasta en el instante de sonar el silbato, por lo cual su equipo perderá por un punto.
- *No* estará entre los nominados para ser uno de los diez finalistas.
- Obtendrá en el examen una puntuación inferior a la esperada.
- Tropezará sobre el escenario.

Los fracasos forman parte de la vida. Una de las mejores lecciones que le puede enseñar a su hijo es cómo enfrentarse al fracaso. Para hacerlo de una forma efectiva debe separar la actuación fallida de su éxito como hijo.

Los niños suelen fallar en las cosas que intentan hacer. No le diga simplemente: «La próxima vez te irá mejor». En lugar de eso dígale: «Me siento orgulloso de ti por lo que hiciste. Tuviste el valor necesario para presentarte ante un grupo de personas. Tuviste el deseo de realizar ese proyecto y dedicarle tu mejor esfuerzo. Eso me enorgullece».

¿Qué hacer en esas ocasiones cuando su hijo hace un intento y no lo logra por no haber practicado y no haber contado con la suficiente preparación?

Puede utilizar el incidente para hablar acerca de lo que puede hacer en el futuro para evitar tal desilusión. Háblele como si estuviese en una sesión de instrucción.

Por sobre todas las cosas, marque una separación entre la idea de que su hijo «fracasó» y el concepto de que su hijo es un «fracaso».

Preste especial atención a esos momentos cuando él diga: «No puedo comprender esta materia» o «Al parecer no puedo obtener los resultados correctos para estos problemas». Es posible que su hijo necesite enseñanza particular especial o alguna ayuda adicional. En ciertos casos es posible que sufra de alguna dificultad en el aprendizaje que no ha sido detectada.

A menudo cuando un niño dice: «No puedo hacerlo» significa: «No puedo hacerlo tan bien como fulano». De ser este el caso, háblele acerca de las formas en que puede mejorar las actuaciones pasadas. Refiérase a su disposición de intentar, a su deseo de lograr su objetivo y al esfuerzo que está dispuesto a realizar en la actividad.

El niño que aprende a ver el fracaso como una traba pasajera, temporal en el «sistema», y que cree que los errores pueden ser subsanados, considerará que es «un éxito a punto de ocurrir».

41 Asegúrese de que su hijo tenga una cuenta de ahorro

Ayude a su hijo para que a temprana edad comience una cuenta de ahorro. Bríndele la oportunidad de ganar algún dinero y agregar a la cuenta de forma regular.

En algún momento mientras cursan la escuela primaria casi todos los niños aprenden a definir su condición socioeconómica. Saben que son más ricos que algunos y más pobres que otros. Una cuenta de ahorro puede brindarle esta sensación: «No estoy tan mal como algunos pueden pensar. ¡Tengo más de lo creen!»

Un patrón de ahorro regular le enseña a su hijo la gratificación a su tiempo. Los niños a menudo están dispuestos a ignorar las modas si ahorran dinero para algo específico y saben que lo acumulan para ese fin. El niño que desee algún día comprarse un automóvil y sepa que puede llegar a hacerlo si ahorra sólo un dólar por semana en una cuenta que le proporcione intereses, difícilmente gastará dinero en la compra de chucherías o juegos de video.

Bríndele metas de compras a las que pueda aspirar, algo por lo que valga la pena ahorrar. No le compre todas las cosas. Un

niño tiene derecho a que se le provea lo esencial para cubri
sus necesidades básicas, pero no debe esperar que se le satisfa-
gan todos sus antojos, deseos o caprichos. Es cierto que algunas
cosas pueden ser maravillosos regalos sorpresa (por ejemplo:
un estéreo o un teléfono), pero los bienes de lujo a menudo
tendrán mayor valor para su hijo si usted le permite que se los
gane, que haga planes para obtenerlos y los aguarde con
entusiasmo.

*El proceso de ganar y ahorrar dinero crea en su hijo la
comprensión de que el trabajo y el esfuerzo tienen un valor que
puede ser medido.* Déle la oportunidad de ganar dinero. Establezca siempre el requisito de que debe ahorrar. Aun dentro
de la cuenta de ahorros tal vez quiera diferenciar los que
puedan ser utilizados para la compra de bienes de lujo, de los
que son para emplear a largo plazo (para pagar estudios
universitarios o para la adquisición futura de una «casa propia»).

De vez en cuando converse con él acerca de sus finanzas.
Por ejemplo: háblele acerca de los beneficios que ofrece la
compra de un bono de ahorro del estado. Haga que reflexione
sobre la cantidad de horas que le lleva ganar ciertas cosas.
Muchos niños crecen con la idea de que el dinero es algo que
está mágicamente a disposición de sus padres; tienen un concepto escaso de que mamá y papá se lo ganan y de que un buen
sueldo no es algo fácil de obtener.

*El tener que ir al banco, lidiar con libros bancarios y
balancear una cuenta le brindará a su hijo la confianza que
proviene de manejar dinero y tratar con una institución importante.*

A menudo me sorprende la cantidad de adultos que no
saben hacer un presupuesto ni conocen cómo balancear su
chequera. Capacite a su hijo en este sentido. Elaboren juntos
un plan para determinar cómo utilizará su asignación mensual
o salario y cuál será el porcentaje que destinará al ahorro.
Llévelo al banco. Permítale escuchar sus transacciones básicas
y familiarizarse con la terminología financiera.

Finalmente tenga en cuenta estos consejos con respecto al dinero de su hijo:

- Nunca lo anime a invertir en algo riesgoso. Un niño puede desanimarse mucho si pierde su dinero en la bolsa de valores (¡también le sucede a los adultos!)
- Nunca le pida prestado a sus hijos. No podrán comprender y tal vez sean reacios a perdonarlo por su inhabilidad de pago o por haberse olvidado de devolverles el préstamo.
- Aliente a su hijo adolescente a abrir una cuenta corriente en el banco. Enséñele a hacer un cheque y a llevar la cuenta de sus depósitos.

Bríndele la confianza que proviene de ganar, ahorrar y manejar el dinero. Déle la oportunidad de tomar decisiones financieras y de aprender esos procedimientos. Llegará a ser un adulto que sabe: «Mamá y papá se interesaron por mí lo suficiente como para prepararme para el día que me mantenga y me independice».

42 Prueben juntos algo nuevo

Sea aventurero con su hijo. Pruebe algunas actividades que resulten nuevas para ambos.

Esto le da a su hijo la oportunidad de verlo a usted como un compañero en la vida. Puede aprender lecciones importantes al observar cómo se enfrenta *usted* a las situaciones nuevas.

La experiencia nueva puede ser un restaurante o estilo de cocina. Hattie y Will, dos jóvenes amigos míos, recientemente me acompañaron a un restaurante libanés. Se decidieron en contra del humus tahini, pero quedaron encantados con el tabuli y la col rellena. Ahora están familiarizados con la comida libanesa y pueden seleccionar un menú extraño.

Anime a su hijo a probar nuevas comidas. Nunca se sabe qué puede llevarlo algún día a China o a África, ¡donde deberá estar dispuesto a probar alimentos que nunca ha visto!

La nueva experiencia puede tratarse de un concierto o de una obra teatral. Los jovencitos Allen y Jon no sabían con exactitud qué esperar de una tarde que pasarían viendo una obra cuyo título ni siquiera podían pronunciar. Salieron impactados por la puesta en escena y la música de *Les Misérables*. Ahora son asiduos asistentes al teatro y han descubierto una nueva área de interés además de las películas y los conciertos de rock.

Hace unos pocos años mi padre y yo asistimos por primera vez a un rodeo. Fue divertido pasar un momento memorable juntos. Uno nunca se pone demasiado viejo para experimentar nuevas aventuras.

La nueva experiencia puede tratarse de un viaje a otra ciudad, estado o país. Aumente la confianza de su hijo al viajar con él y mostrarle zonas de nuestra nación o del mundo. No sólo se beneficiará al ver cosas nuevas y experimentar otras costumbres y lenguajes, sino que aprenderá a preparar una valija, a enfrentarse a las emergencias lejos de su hogar, a lidiar con el mareo o con la desorientación causada por la diferencia de horas, cómo comunicarse con personas diferentes, cómo escoger de un menú, cómo adaptarse a dormir en camas extrañas y cómo subir y bajar de un avión, un tren, un barco o un ómnibus. Tal vez no parezcan habilidades necesarias, pero es vital para lograr el desarrollo de una amplia capacidad de flexibilidad y adaptación.

La nueva experiencia puede ser asistir a una iglesia de diferente denominación. Cuando tenía ocho años el grupo de Camp Fire [niñas de las fogatas] al que yo pertenecía realizó un viaje a una de las misiones de California. De las doce niñas sólo una era católica. Nos alivió que supiera qué hacer cuando nos encontramos en medio de una reunión matinal de oración. Nunca antes aquellas niñitas protestantes habían estado en una reunión en la que los reclinatorios, las genuflexiones y los misales formaran parte del culto. Repentinamente nos encontramos juntas inmersas en una aventura que resultaba tan emocionante como cualquier noche de campamento.

El compartir nuevas experiencias con su hijo le transmite que la aventura a lo desconocido puede ser emocionante. ¡El punto clave es explorar con seguridad, con cautela y seleccionando con sabiduría!

Las nuevas experiencias que comparta con su hijo se convertirán en un lazo entre los dos. Llegarán a ser un tesoro de recuerdos y una rica fuente de conversación durante toda la vida. De esta forma le dirá: «Disfruto de tu compañía. Te estimo como compañero de aventuras. Deseo que puedas ver al mundo como un desafío que puede ser confrontado y disfrutado y quiero ayudarte a aprender cómo aprovechar la vida al máximo». El niño que aprende esa lección, adquiere autoestima.

43 Enséñele a reparar roturas y rasgaduras

Las cosas se rompen. La primera tendencia de un padre es arreglar la rotura, remendar la prenda desgarrada, colocarle el brazo a la muñeca, coser el botón salido o limpiar la suciedad del piso.

Algunos padres se enojan con su hijo por su descuido. A pesar de que en ocasiones esto sea admisible, también se debe comprender que algunas desgracias en la vida verdaderamente son producto de accidentes.

En lugar de enojarse o de recurrir a remediar la situación, pruebe una tercera opción. Permítale a su hijo reparar el daño o que limpie los resultados lo mejor posible.

Los niños pequeños pueden aprender a utilizar una esponja para limpiar la leche derramada. Tal vez no logren una limpieza total, pero déjeles que realicen un genuino esfuerzo. Los niños mayores pueden aprender a barrer los vidrios rotos.

A lo largo de los años trate de desarrollar en su hijo la destreza de hacer arreglos en la casa. Enséñele a pegar un botón y a coser un roto. Múestrele cómo usar un martillo y cómo armar cosas con pegamento, así como cambiar una bombilla de luz y los fusibles.

Vuelvo a repetir, no todas las habilidades son apropiadas para los pequeños. Enséñeles en la medida que corresponda a su nivel de destreza manual, coordinación muscular y discernimiento.

Cuando se rompan los objetos mecánicos anímelos a investigar junto con usted la posibilidad de repararlos. ¡No lo descarte de inmediato suponiendo que no lo puede arreglar! Tenga en su biblioteca un libro sobre reparaciones caseras y consúltelo. Permita que su hijo acepte el desafío de reponer un transistor o de atornillar las piezas que puedan haberse desarmado.

Enséñele la diferencia existente entre las cosas usadas y las gastadas. Algunas de las antigüedades más apreciadas en el mercado son muy usadas, pero que aún tienen valor.

Indíquele la diferencia entre los objetos que merecen ser arreglados y los que deben ser reemplazados. Evalúe el costo a largo plazo. Tal vez resulte más económico comprar una nueva aspiradora en lugar de volver a reparar la vieja. Explíquele su proceso de razonamiento para determinar si un objeto debe ser arreglado o reemplazado.

El niño que aprende a arreglar las cosas sabe que cuando estas se rompen a menudo pueden ser reparadas. Esta lección puede ser fácilmente trasladada a las relaciones a medida que él madure.

Bríndele la oportunidad de reparar y de usar lo que ha sido reparado. De esta forma podrá comprender mejor el modo en que están hechas las cosas y cómo funcionan.

44 Cuéntele de sus esperanzas

Comente con su hijo las expectativas que usted tiene con su vida. Dígale cuál es su esperanza respecto a él por toda la eternidad.

Casi todos los padres esperan que sus hijos tengan:

- Larga vida y salud.
- Los bienes materiales que necesiten.
- Amigos y relaciones que puedan dar y recibir amor.
- Un trabajo que les satisfaga.
- Un carácter con rasgos de nobleza.

En todo el mundo los padres tienen la esperanza de que sus hijos siempre dispongan de los alimentos necesarios para comer y de agua limpia para beber, un lugar seguro para dormir, abrigo para el tiempo de frío, fresco en el verano y una cómoda vivienda.

Dígales que desea que tengan buenos amigos con los que puedan hablar, orar y comentar sus experiencias, colaboradores con quienes puedan lograr sus metas y guías de los que puedan aprender.

La mayoría de los padres tienen la esperanza de que sus hijos puedan sentir la satisfacción que se experimenta al terminar tareas dignas o alcanzar metas, ya sea dentro del marco de una carrera educacional o de una vocación.

Todo padre, sin dudas ayudará a definir los valores que su hijo aportará al mundo y aplicará a la vida. La honestidad, la fidelidad, la bondad, la paciencia, la paz, el gozo, el amor, la humildad, la confianza y la autoestima se encuentran entre los rasgos que casi todos desean para sus hijos. El respeto por las leyes de la nación, el patriotismo, el servicio voluntario, estos también son atributos valiosos. Dígale el tipo de persona que espera que él llegue a ser: Alguien que mantenga la calma en las emergencias, que demuestre compasión en las tragedias, enojo ante la injusticia, que hable con denuedo en favor de los débiles, que sea rápido para ayudar en momentos de necesidad y pronto para responder por las heridas de otros.

Cuéntele también cuánto anhela su crecimiento espiritual. Lou y Mindy viajan bastante con sus niños. En los viajes largos a veces les preguntan: «¿Cómo se imaginan que será nuestra vida dentro de quinientos años?» Suponen cómo será el cielo y las cosas que harán y dirán allí. Conversan acerca de la relación entre lo que hacen ahora y la vida que esperan disfrutar en el futuro. También hablan seriamente sobre la importancia de hacer ciertas cosas y de afirmarse en algunas posiciones ahora por el bien de la vida sobre la tierra. Han ayudado a sus hijos mientras recorren esos kilómetros, a ser adeptos en la proclamación de una teología, en crear un marco para una cosmovisión y en forjar una filosofía personal para aplicar a la vida.

Muchas de sus esperanzas y aspiraciones pueden ser comunicadas al mezclar sus ideas con las simples actividades diarias. «Me alegra tanto que hayas sido sincero al decirme la verdad. La mentira tiene consecuencias terribles: las personas pueden ir a la cárcel, otras destruyen sus familias y sus matrimonios, otros acaban en las instituciones mentales por haber hecho de la mentira su modo de vida. No deseo que te suceda ninguna de esas cosas».

No sermonee. No predique. No machaque. No moleste. Un párrafo de filosofía materna, una o dos frases de teología paterna pueden lograr mucho si son trasmitidos con sinceridad en un momento en que usted y su hijo estén a solas y dispuestos a la comunicación mutua. Casi todo lo que diga puede ser comprendido por su hijo, aun cuando éste sea un airado y rebelde adolescente, si no le *exige* que lo siga ciegamente y que acepte su punto de vista sin discusión. Preséntele los hechos y las opciones que espera tome en cuenta o una idea u opinión que usted desee someta a una consideración cuidadosa.

Cuando los padres cuentan a su hijo los objetivos y anhelos más profundos que tienen para su vida, ese niño dice: «Mamá piensa que puedo experimentar esto. Papá piensa que puedo ser una persona con estas cualidades. Tienen esperanzas para mi futuro, creen que llegaré a ser un sólido ciudadano y un adulto amable y generoso». Cuando *usted* asigna valor al futuro de un niño, ese muchacho también estima su porvenir.

45 Hable a su hijo acerca del sexo

Cuando a un niño se le comunican las «verdades de la vida» dentro del contexto de un sistema de valores, ese muchacho sabe: «Mamá y papá me confían esta información; ellos me valoran como persona y se dan cuenta de que estoy creciendo».

¿Cuándo debe informar a su hijo acerca del sexo?

Antes de que otro lo haga. Si no le habla acerca del sexo, puede estar seguro de que otro lo hará y lo más probable es que esa persona sea un compañero o un niño mayor que no esté enterado de todos los hechos. Después debe hacer la limpieza y destruir los mitos aun antes de poder comunicarle la verdad.

No espere hasta que él tenga clases de «educación sexual» en la escuela, pues por lo general lo que se enseña, no trata el tema de «lo bueno y lo malo» en referencia a la conducta sexual, ni puede hacerlo; el maestro tampoco le dirá cuál es la conducta apropiada.

Es importante que como padre usted trate el tema de los cambios fisiológicos que experimentan los niños y las niñas durante la pubertad. Es esencial que sea usted quien le explique las diferencias anatómicas entre el hombre y la mujer y también quien le hable del acto sexual.

Tenga en cuenta que una conversación acerca de la actividad y los deseos sexuales no debe ser una charla que se realice una sola vez. Debe ser un diálogo continuo establecido con su hijo a partir de los tres años de edad (es decir, desde el momento en que comienza a notar las diferencias entre las partes del cuerpo de un varón y de una hembra) y deberá prolongarse hasta alcanzar la adultez. Llame a las partes corporales por su nombre. Evite usar el lenguaje o las expresiones vulgares.

Asegúrese de aclararle desde una edad temprana cuáles son las zonas del cuerpo que deben ser consideradas «privadas» y por lo tanto, protegidas de intrusión o abuso.

Cuando hable de las funciones y conductas sexuales, incluya una charla acerca del control de la natalidad y el sexo seguro. También infórmese sobre el SIDA y otras enfermedades de transmisión sexual. Deberá pasarle estos conocimientos antes de que llegue a la adolescencia.

A muchos padres les gusta utilizar las medios visuales, tales como las láminas, un modelo tridimensional (el «Hombre Invisible» y la «Mujer Invisible» que son figuras que muestran los órganos anatómicos) o muñecos. Debe ser usted el primero en mostrarle un preservativo. Cuando hable del sexo hágalo de una manera objetiva.

Responda lo mejor que pueda a las preguntas de su hijo y si no le satisface su respuesta o su habilidad de explicar, dígale con franqueza: «Necesito un poco más de tiempo para pensar cuál es la mejor forma de explicarte eso». Piénselo durante un par de días y luego, en el momento apropiado, regrese a su hijo trayendo la respuesta pendiente.

Tal vez nunca se sienta cómodo al conversar con su hijo acerca del sexo. De ser así procúrele información que él pueda leer y asegúrese de que lo haga. A muchos padres les resulta más fácil conversar con su hijo, si él ya posee la información correcta.

Una pareja que conozco había colocado un frasco en un rincón de la cocina. Le dijeron a sus hijos que se sintieran en libertad de poner dentro del frasco sus preguntas más difíciles. Le pusieron una etiqueta que decía «Problemas para papá y rompecabezas para mamá». Los padres les aseguraron a los niños que ninguna pregunta sería descartada ni ignorada aunque pareciera ser poco importante, y que ellos las responderían todas lo mejor posible. En ocasiones los padres iban a la biblioteca para buscar un libro que diera a sus hijos las respuestas. Una noche cada mes la familia hablaba sobre los problemas, elaboraba una agenda, tomaba decisiones y trataba los asuntos del frasco. Estos padres encontraron que en el contexto de una reunión franca, llevada a cabo según una agenda preestablecida, aun las preguntas difíciles o embarazosas podían ser tratadas sin risitas, vergüenzas, ni observaciones graciosas. Es más, ¡los propios padres a veces ponían preguntas en el frasco para asegurarse de que ciertos temas fuesen tratados!

Hágale saber a su hijo cuáles son las conductas sexuales apropiadas, condiciones y con quién, y explíquele el porqué. Infórmele su opinión acerca del hecho de tomarse de las manos, besarse, desnudarse, acariciarse y del acto sexual. Converse con él sobre la diferencia entre el amor y las relaciones íntimas.

Un padre me dijo que consideraba que era su deber alertar a su hija para que estuviese «a prueba de frases hechas». «Lo hemos convertido en una especie de juego que denominamos: "Frases que usan los varones". ¡Le puedo asegurar que ella no será un blanco fácil!» A partir de sus conversaciones a través de los años, este padre descubrió que él y su hija investigaban las diferencias en la manera de comunicarse los hombres y las mujeres. Recientemente me dijo: «Hemos iniciado un nuevo juego. Se llama: "Él quiere decir, ella quiere decir". ¡Creo que aprendo tanto como ella! ¡Qué diferentes son sus modos de comunicarse!»

Será ejercida una gran presión sobre su hijo con el fin de que se inicie en la actividad sexual. Usted debe reconocer esa realidad cuanto antes. Considere la educación sexual de su hijo de la misma forma en que valora su formación en cualquier otra área: enfréntese a las preguntas de una forma directa y objetiva.

Los niños que pueden hablar francamente con sus padres acerca de la conducta sexual sienten que se les ha descubierto uno de los principales secretos de la vida. Los que saben desde una edad temprana cómo son creados, sienten cierto grado de continuidad entre sus ancestros y los futuros herederos. Tales hijos sienten que tienen un «lugar» en la cultura y un papel que cumplir en el esquema de la historia de una familia.

46 Deje una herencia a su hijo

Déjele algo a su hijo. El niño que recibe una herencia sabe que sus padres pensaban en su futuro, tenían en cuenta sus sentimientos y le expresan su amor aun después de la muerte.

El hijo que es excluido de una herencia familiar siente un dolor que nunca tendrá un verdadero consuelo y sufre una herida que jamás se curará.

Para dejar una herencia se requiere hacer una planificación anticipada. Así que, ¡planifique! Decida qué cosa es lo que espera poder dejarle a su hijo.

Una herencia no es únicamente dinero, aunque éste es importante.

Una pareja que conozco se ha puesto como meta proveer a modo de herencia para sus hijos: una educación universitaria, un automóvil a la edad de dieciocho años y el pago inicial para la compra de una casa. Consideran que estas cosas conforman una «herencia en vida», algo que le «dejarán» a sus descendientes, mientras aún siguen con vida. Debo decir que su meta no es necesariamente autos nuevos, escuelas privadas, ni mansiones. Su compromiso es el de expresarles a sus hijos que como padres, sólo desean ayudarlos para que alcancen la madurez, pero que quieren hacerlo al proveerles asistencia en lo que consideran importante para el éxito de un joven adulto. Es más, sus hijos ni siquiera están enterados de sus planes. Dedicarse al logro de estos objetivos es una especie de misión secreta que sólo ellos conocen.

Hay padres que incluso quieren repartir una parte del total de la herencia mientras aún viven. Eso les da la oportunidad de observar cómo sus hijos disfrutan de la herencia y estar disponibles para responder a sus preguntas con respecto al origen de ciertos objetos, al modo mejor de manejar acciones de la bolsa o al significado de algunos regalos de naturaleza más personal o sentimental.

Una manera de darle a su hijo una parte de su herencia a temprana edad es mediante regalos que son recuerdos familiares o labores hechas a mano. Las labores manuales hechas a punto y bordados pueden colocarse sobre estantes, las muñecas antiguas pueden ser expuestas en vitrinas, una cuna heredada de los antepasados puede contener ositos de peluche en un rincón del dormitorio infantil. Una amiga íntima recibió unos mantelitos que habían sido de su abuela, los forró de seda en tonos brillantes y los convirtió en almohadones. Regalos heredados y labores hechas a mano son obsequios de tiempo, amor y familia, que dan a un niño la sensación de que se le ha entregado parte del patrimonio familiar; más adelante él estimará aún más estos presentes por ser ejemplos de la confianza que mamá y papá tienen en él.

Una herencia representa para un niño un gran voto de confianza de parte de su padre, ¡es un regalo irremplazable y único.

47 Enseñe a los niños que deben ser responsables de sus actos

Los niños que son forzados a responsabilizarse por sus propios actos saben: «Mamá y papá me consideran capaz de actuar por mi cuenta y además ser un individuo valioso que tiene la habilidad de mantenerse firme y enfrentarse a las consecuencias por las buenas y malas acciones».

Cuando su hijo rompe la ventana del vecino con una pelota de béisbol, usted debe insistir en que vaya a pedir disculpas y que ayude él mismo a pagar por la reposición del cristal. Por supuesto que usted puede acompañarlo hasta la puerta del vecino y puede exigir que sólo dé una parte del pago. Pero sin importar a qué edad pueda ocurrir el accidente, nunca lo «encubra» por este u otro hecho similar.

Cuando su hijo adolescente tenga un accidente de tránsito, debe exigirle que ayude a pagar por los daños causados y que colabore con el pago de cualquier aumento que pueda producirse en la póliza de su seguro automovilístico como resultado de lo ocurrido.

Cuando su muchacho desgarre la camisa del hijo de un vecino mientras juegan a los agarrados, vaya con él para conversar con el padre del otro niño sobre cómo será posible reparar el daño causado.

Es probable que baste con decir: «Lo siento». Otras veces será necesario que se restaure o reemplace la prenda dañada.

Cuando usted le resta importancia a los errores o al mal comportamiento de un niño en presencia de un tercero, le está enviando un mensaje que dice: «No me parece que eso haya sido importante». Cuando encubre a su hijo ante un tercero (o carga con la culpa) le está comunicando: «Siempre estaré presente para sacarte de tus dificultades». Ninguna de estas posturas le ayudan a desarrollar un sentido de responsabilidad al jovencito y ambas llevan a favorecer la aparición de una conducta autocondescendiente.

Castigarlo por algo hecho a otra persona no es suficiente para enseñarle a tener responsabilidad. Una paliza puede ayudarlo a comprender que no debe jugar béisbol en el jardín del frente. Puede contribuir a enseñarle cómo evitar romper una ventana en el futuro y así salvarse de una nueva paliza. Pero no sanará la brecha abierta con su vecino, la cual su hijo sentirá de forma instintiva.

Hace poco hablé con una mujer que me dijo: «Cuando tenía nueve años robé un dulce del almacén del señor Crabb. Mi madre se enteró y me dio una buena paliza. Le puedo asegurar que nunca más volví a robar nada. Pero durante los siguientes veinte años no pude mirar al señor Crabb a los ojos cuando iba a su tienda. Al mirar hacia atrás, desearía que mi madre hubiera exigido que regresara al almacén, pidiera disculpas al señor Crabb y le pagara por el dulce que había robado. Creo que habría sentido que mi delito había sido verdaderamente borrado. Al no saberlo él, nunca pude recibir su perdón».

Cuando los niños se hacen responsables y reparan el daño causado a otros, son fortalecidos al enfrentarse a los errores y superarlos.

Cada vez que los niños se enfrentan al daño o a los problemas que han creado, tienen la oportunidad de pedir y recibir el perdón de otros. Luego pueden experimentar el bálsamo que sana las emociones que es el perdón recibido.

Los pequeños que se enfrentan a sus errores no tienen la necesidad de vivir con el sentimiento de culpa surgido de las malas acciones realizadas en secreto.

Los niños que tienen confianza, pueden confesar sus pecados, arrepentirse de ellos y buscar el perdón. Los que tienen una autoestima elevada saben que han sido perdonados.

48 Disfrute la creatividad de su hijo

Espere creatividad por parte de su hijo. Aplauda sus esfuerzos en ese sentido. Anímelo a explorar su creatividad artística.

El niño que se siente apreciado por haber descubierto una nueva manera de hacer, expresar o visualizar algo, siente confianza para explorar lo desconocido; está dispuesto a asumir riesgos creativos y como consecuencia, siente una mayor autoestima. Tal niño cree lo siguiente: «A mamá y a papá les gusta lo que puedo crear».

Muchos padres opinan que la creatividad sólo se evidencia en ciertos niños, que se trata de un talento o de una habilidad. La creatividad se parece más a la inteligencia, ¡y todo niño tiene cierta dosis de ella! Observe el uso del lenguaje. Su hijo producirá millones de frases nuevas nunca antes dichas a lo largo de su etapa de crecimiento. Ninguna otra persona hilvanará las palabras de la forma exacta como lo hace su hijo. ¡Eso es creatividad!

Observe la forma en que él escoge su ropa. Ese es el «estilo» de su desarrollo. Nadie seleccionará esas cosas de la misma forma. ¡Eso es creatividad!

Déle una hoja en blanco y pintura dactilar y verá como hace algo que no será repetido por ningún otro niño. Déle un lápiz y pídale que dibuje, y descubrirá una representación que no ha sido lograda por ningún otro pequeño a través de la historia.

Anime a su hijo de edad preescolar a inventar una danza. Permítale disfrutar del movimiento de su cuerpo. Sugiérale al adolescente redecorar su habitación. Hágale saber que es bueno componer canciones.

Cuando deba escoger si darle al pequeño un libro para colorear o un cuaderno de hojas en blanco, opte por las hojas en blanco porque requieren más creatividad.

Cuando deba eligir entre llevar a su hija adolescente a la tienda para que se compre ropa diseñada por algún profesional o darle clases de costura y desarrollar su propio «estilo», opte por las clases de costura.

Por supuesto que puede establecer límites que determinen hasta dónde permitirá que su hijo experimente con su persona o su propiedad. Como padre usted tiene el privilegio de decirle que no al intento de usar el cabello color rosa o a los dibujos de creyón sobre la pared de la sala. Lo importante es alentar la creatividad:

- *Que está dentro de ciertos límites.*
  Su hijo siempre deberá enfrentarse a los límites. Permítale que sepa que la adultez no es un estado sin restricciones. Exprésele, sin embargo, que la verdadera creatividad florece dentro de límites establecidos.
- *Que transforma el caos en belleza.*
  Una madre le dice a su hijo: «Me siento impaciente por ver cómo vas a ordenar esta jungla que se conoce como tu cuarto».
- *Que descubre nuevos usos para cosas comunes.*
  Sugiérale a su hijo hacer un centro de mesa para las fiestas usando cualquier cosa que encuentre en el cajón de trabajos manuales o en el jardín del fondo de la casa.

De vez en cuando entréguele objetos y pregúntele: «¿Se te ocurre alguna cosa que podamos hacer con estos objetos antes de arrojarlos a la basura?» Una madre que conozco lo hizo y vio después a su hija forrando con papel de regalos viejas cajas de detergente en polvo con el fin de crear revisteros.

Bríndele a su hijo la libertad de probar nuevos condimentos en los platos comunes. Ensaye con su hijo recetas y formas nuevas de presentar las comidas (en otros recipientes, con decoraciones de mesa fuera de lo común, dentro de vasijas y sobre bandejas diseñadas por el niño).

El niño que así descubre su propia habilidad creativa encuentra su potencial. ¡Además será un niño que sabrá valorar su singularidad!

49 El valor de una mascota

Brinde a su hijo la oportunidad de encargarse del cuidado de una criatura viviente: ¡un cachorro, un gatito, un *hamster* o algún otro animal que usted escoja!

Su niño asimilará varias lecciones valiosas al tener un animalito doméstico.

Aprenderá que el cuidado de una mascota es una responsabilidad diaria. Los animales deben ser alimentados y necesitan agua fresca, diariamente. Indíquele las distintas formas en que día a día usted se ocupa de cuidarlo. Una de las lecciones más importantes que puede aprender es que la crianza de los hijos es una responsabilidad y una actividad diaria.

Al cuidar de una mascota aprenderá que todas las criaturas vivientes cambian a medida que crecen. Los cachorros no tienen las mismas necesidades, niveles de energía ni habilidades que un perro adulto. Haga un paralelo del desarrollo de su hijo. Los niños deben comprender que las personas cambian y que esa transformación en la vida es inevitable, pero que en la mayoría de los casos se puede controlar, ya sea que se cambie para mejorar o para empeorar.

Al cuidar de un animalito su hijo aprenderá que las criaturas vivientes nacen, crecen hasta llegar a la madurez y mueren. La muerte de la mascota de su hijo es un hecho muy importante. Es un momento para conversar seriamente y una ocasión para permitirle que se entristezca. No le reste importancia a la muerte de una mascota. Déjelo sentir pena.

La muerte es un hecho importante de la vida que su hijo debe aprender; es algo que por lo general solemos esconderle. Por supuesto que el niño muy chiquito necesita ser informado acerca de la muerte con palabras que él pueda comprender. Sin embargo, los pequeños tienen una capacidad tremenda de entender el concepto de cielo y de imaginar a los seres queridos viviendo en un lugar lejano. A ellos les consuela saber que alguien amado no volverá a sentir dolor ni tristeza.

Anímelo a entrar en relación con mascotas que pueda cargar, a las que pueda hablar y de las que pueda recibir algún tipo de respuesta. Nunca recomiendo como mascotas a los peces ni a las tortugas. Busque algún tipo que sirva para «jugar» con su hijo, un animal al que él pueda adiestrar o con el cual pueda pasar un rato agradable.

Algunos animales no deberían ser considerados como mascotas. Los conejos de pascuas y los patitos raramente son apropiados. A pesar de lo simpáticos o deseables que puedan parecer en la primavera, requieren de comida, habitación y cuidados especiales, los cuales no pueden ser provistos por la mayoría de la gente. Comprenda que los animales necesitan espacio y sol. Los apartamentos no son buenos hogares para ellos.

¿Qué sucedería si usted viviera en un edificio que no los permite o si un miembro de su familia es alérgico? Aun así usted puede proveerle a su hijo la oportunidad de estar en contacto con animales. Llévelo al zoológico, donde también se permite acariciar a algunos animales, tendrá la oportunidad de tocarlos y ver cara a cara, sobre todo a animales que nunca podría tener como mascotas. Visite una granja y observe a los animales con su hijo. También puede divertirse con él en la feria agropecuaria al visitar los pabellones donde están las distintas especies.

El estar en contacto con animales en compañía de su hijo le brinda la posibilidad para conversar acerca de asuntos tales como el cuidado del medio ambiente (en especial acerca de su relación con las especies en peligro de extinción), la singularidad y la diversidad de la creación y el hecho de que todas las especies animales cuentan con un macho y una hembra.

La asociación con los animales hará que su hijo comprenda su papel como protector de la creación, y que un niño sólo es una criatura viviente entre otras muchas.

El ser responsable de una mascota lo prepara para la responsabilidad de cuidar a otros. ¡Hasta es posible que cuide de *usted* cuando llegue a la vejez!

El niño que atiende una mascota sabe lo siguiente: «Mamá y papá me estiman lo suficiente como para dejar una criatura viviente a mi cuidado o como para permitirme ayudar a criarlo. Confían en que sabré respetarle la vida y saben que soy valioso para la vida de mi mascota». El niño que se ve del lado de la *vida* tiene mayor respeto por la suya propia, como así también por la de los otros.

50 Pídale perdón a su hijo cuando deba hacerlo

Cuando sepa que ha desilusionado, lastimado o le ha fallado a su hijo, admítalo ante él de alguna forma. Preséntele sus disculpas. Que sepa que está arrepentido por lo que le ha hecho y que solicita su perdón.

Él aprenderá que el disculparse no es una señal de debilidad, sino de fortaleza. Crecerá sabiendo que puede excusarse sin perder el respeto ni la autoestima.

Algunas veces los niños expresan sus sentimientos heridos mediante el enojo o frunciendo el ceño en silencio. Cuando estos comportamientos no estén directamente relacionados con un castigo (por ejemplo: el enojo que puede sentir al ser enviado a su cuarto por haberle pegado a su hermanito), pregúntele por qué está enojado o con el ceño fruncido. Hágale saber que usted es capaz de aceptar una respuesta franca. Pregúntele: «¿Hice alguna cosa que te frustrara?» o, «¿te desilusioné de alguna manera?» o, «¿te fallé cuando me necesitabas?» o, «¿existe algo que deseas que haga por ti y que no esté haciendo?»

Cuando su hijo dice: «Ojalá hubieses...» u «Ojalá no hubieses...», preste mucha atención. «¡Ojalá no hubieses dicho eso delante de mi novio, mamá!» «Ojalá hubieses llegado a tiempo para no haber tenido que aguantar a esos chicos que siempre se burlan de mí a la salida de la escuela». «Ojalá dejaras de beber tanto».

Es posible que él «desee» algo que usted no pueda ni quiera hacer. Pero préstele atención. Tome en cuenta la necesidad expresada. En algunos casos es posible solicitar la ayuda de su hijo. En otras ocasiones tal vez deba decirle: «Lo que me pides me resulta muy difícil. Lo intentaré, pero tal vez no pueda lograr este cambio. No deseo desilusionarte ni lastimarte, pero es posible que no pueda siempre satisfacer tus expectativas o deseos».

Pídale perdón sólo si está de verdad arrepentido. Sea sincero cuando le diga: «Perdóname, por favor». De otro modo le restará valor a la comprensión que tenga su hijo del perdón.

A veces él se sorprenderá al citar sus debilidades, faltas o errores. En lugar de asentir rápidamente o de dejar brotar una disculpa, tal vez quiera tomarse un tiempo para considerar la queja de su niño. Sin embargo, asegúrese de darle a conocer su decisión.

Discúlpese, si le debe alguna disculpa. No intente justificarse, retroceder ni entrar en debate con él. Pida excusas si siente que debe hacerlo; no se disculpe si él está equivocado. Ceda y llegue a un arreglo siempre que sea posible, pero no permita que lo manipule para lograr concesiones que vayan en contra de sus principios básicos.

En ocasiones es posible que deba hacerle saber que no tiene la intención de modificar su comportamiento ni su decisión inicial. «Lamento que te moleste el que no te permita ver películas de terror. Pero no voy a modificar esa regla». Explíquele el motivo por el cual debe mantenerse firme en lo que respecta a algunas decisiones. Déle unos cuantos minutos para calmarse y reflexionar sobre el asunto.

Un niño que le escucha pedir disculpas cuando se equivoca será un muchacho que también podrá disculparse. Aprenderá cómo seguir adelante en una relación luego de haber ofrecido o recibido una excusa. El niño que ve su posición firme ante una decisión tomada será un niño que sabrá dónde está parado.

Aprenderá que la manipulación no da resultados y que el enojo rara vez produce algo positivo.

El niño que tiene autoestima es alguien que sabe que su valor personal no se depreciará por pedir disculpas y que el mantenerse firme en las convicciones es una señal de fortaleza personal.

51 Las sorpresas y las caricias inesperadas

Conviértase en un dador de abrazos, obsequios y palabras de elogio espontáneos. Comuníquele a su hijo: «¡La verdad es que te quiero tanto que no puedo dejar de decírtelo!» Tal niño se siente de verdad apreciado, realmente valioso y crecerá en su autoestima.

No espere la llegada de ocasiones especiales. Ni siquiera aguarde hasta que haga algo bueno.

¡No impida la demostración del *gozo* que siente por el hecho de que su hijo o hija formen parte de su familia!

Es probable que en alguna ocasión la respuesta ante un enorme abrazo o un regalo inesperado sea: «¿Y eso a qué se debe?» o «¿Eso a qué viene?»

Esa es una oportunidad para responderle de la siguiente forma:

«Porque te quiero».

«Porque me alegra que seas mi hijo».

«Porque me conmueve que Dios te haya creado».

«¡Porque hoy el mundo se ve especialmente brillante y uno de los motivos es porque tú estás en él!»

Póngale una nota dentro de la bolsa de su almuerzo para hacerle saber que está pensando en él y que desea que tenga un buen día en la escuela.

¡Ponga una flor en su dormitorio junto con una nota donde le comunique que piensa que él es maravilloso!

Mamá, hágale saber que está agradecida por haberlo dado a luz. Que su hijo sepa que es el mejor regalo de Dios recibido por usted.

Que su hijo conozca que usted se alegra de que él sea varón; que su hija tenga la certeza de que usted se alegra de que ella sea mujer. Que sus hijos sepan que usted se alegra de estar con ellos.

Comuníquele que su vida le produce sensación de realización, gozo, admiración y que por cierto, hace que su existencia sea «interesante».

Sonría cuando se lo diga. Él sabrá que en realidad le dice: «No te cambiaría por nada en el mundo».

El niño que es sorprendido por actos de afecto será un niño cuya autoestima recibirá apoyo y se reforzará de la forma más duradera y beneficiosa. Tal niño llegará a pensar: «¡Al parecer, siempre me consideran valioso! ¡Debo ser valioso!» ¡Eso sí que es autoestima!

52 Dígale a su hijo «Te quiero» y déle un abrazo

No suponga que su hijo sabe que usted lo ama. No piense que todas sus otras frases, elogios y expresiones de aprobación son sustitutos aceptables de esas dos palabras de importancia fundamental: «Te quiero».

Cuando se lo diga que sea con sinceridad y hágalo a menudo.

Asegúrele que lo ama hoy, lo amó ayer y que lo amará mañana y por siempre.

«¿Sabes cuánto te quiero? ¿De veras que lo sabes?» Dígaselo con ternura y él probablemente le dirá: «Sí, lo *sé*».

Hace poco le pregunté a una de mis hijas: «¿Sabes cuánto te quiero?» Me miró fijo y sonrió: «Por supuesto que lo sé. Siempre me lo estás diciendo».

«¿Pero de verdad lo sabes?»

«¡Claro!» dijo ella. «¡Hazme un examen e incluye esa pregunta!»

¿Alguna vez jugó con su hijo el juego del: «Cuánto te quiero»? «¿Cuánto te quiero? Te quiero tanto como todas las estrellas del cielo». O, «Te quiero tanto como todos los peces del mar».

Mi respuesta preferida es una que le dio un niño de cinco años a su abuela: «Te quiero tanto como todos los pelos de gato que hay en todos los gatos del mundo entero».

Su hijo nunca será demasiado viejo para decirle: «Te quiero». Tendrá tanto significado para él a la edad de dieciocho como a la de ocho años.

Su hijo nunca es demasiado pequeño para escuchar: «Te quiero». Dígaselo a su bebé en la cuna.

Dígaselo bajito al oído mientras duerme, al cambiarle los pañales o al darle un baño. Escríbaselo en una tarjeta que le envíe al campamento de verano.

Hágale saber que lo ama por el simple hecho de que *existe*. Que conozca que su amor no puede ser destruido.

Comuníquele que su amor es un don divino. «Mi amor por ti me fue dado por Dios en una gran dosis. No sé por qué ni cómo lo hizo. Sólo sé que lo hizo y que no hay nada que pueda hacer yo para cambiar ese hecho. ¡No podrás impedir que te ame!»

El amor es el fundamento sobre el cual se edifica la autoestima. Si los niños no saben que son amados les será extremadamente difícil creer que son valiosos. ¡Podrán sentir el respeto y la aprobación de un padre, pero eso nunca podrá reemplazar una dosis gigante de amor puro, desinteresado e ilimitado!

Su amor es la base para la autoestima y confianza de su hijo. ¡No le niegue las buenas nuevas de su amor!